"十四五"时期国家重点出版物出版专项规划项目

| 推动东北振兴取得新突破系列丛书 |

总主编　林木西

东北地区制造业
竞争力提升路径研究

Research on the Way to Enhance the Competitiveness of
Manufacturing Industry in Northeast China

袁丹丹　著

中国财经出版传媒集团

经济科学出版社
Economic Science Press
·北京·

图书在版编目（CIP）数据

东北地区制造业竞争力提升路径研究/袁丹丹著
. --北京：经济科学出版社，2023.7
（推动东北振兴取得新突破系列丛书）
ISBN 978 - 7 - 5218 - 4986 - 8

Ⅰ.①东… Ⅱ.①袁… Ⅲ.①制造工业 - 竞争力 - 研
究 - 东北地区 Ⅳ.①F426.4

中国国家版本馆 CIP 数据核字（2023）第 141368 号

责任编辑：郎　晶
责任校对：隗立娜
责任印制：范　艳

东北地区制造业竞争力提升路径研究

袁丹丹　著

经济科学出版社出版、发行　新华书店经销
社址：北京市海淀区阜成路甲 28 号　邮编：100142
总编部电话：010 - 88191217　发行部电话：010 - 88191522
网址：www. esp. com. cn
电子邮箱：esp@ esp. com. cn
天猫网店：经济科学出版社旗舰店
网址：http：//jjkxcbs. tmall. com
北京季蜂印刷有限公司印装
710×1000　16 开　11 印张　154000 字
2023 年 7 月第 1 版　2023 年 7 月第 1 次印刷
ISBN 978 - 7 - 5218 - 4986 - 8　定价：45.00 元

总　序

2022 年 8 月 16 日至 17 日，在东北振兴的关键时期，习近平总书记再次亲临辽宁视察，对新时代东北振兴寄予厚望："我们对新时代东北全面振兴充满信心、也充满期待。"党的十八大以来，习近平总书记多次到东北考察调研、主持召开专题座谈会，为东北全面振兴、全方位振兴擘画了宏伟蓝图，为开展东北振兴研究指明了前进方向。2017 年、2022 年，辽宁大学应用经济学学科连续入选首轮和第二轮国家"双一流"建设学科，在学科内涵建设中我们主打"区域牌"和"地方牌"，按照"世界一流"的标准，努力为推动东北地区实现全面振兴全方位振兴提供理论支撑、"辽大方案"和标杆示范。这一总体建设思路曾得到来校调研的中共中央政治局委员、国务院副总理孙春兰和教育部时任主要领导的充分肯定。

辽宁大学在东北地区等老工业基地改造与振兴研究方面历史悠久、成果丰硕。从"七五"至"十四五"连续承担国家社会科学基金重大（重点）项目和教育部哲学社会研究重大课题攻关项目，其中：1992 年主持的国家社会科学基金重点项目"中国老工业基地改造与振兴研究"结项成果《老工业基地的新生——中国老工业基地改造与振兴研究》获全国普通高校第二届人文科学科研成果一等奖（1998 年）。2004 年主持的教育部哲学社会科学研究重大课题攻关项目"东北老工业基地改造与振兴研究"结题验收被评为优秀,结项成果《东北老工业基地改造与振兴》荣获第三届中华优秀出版物图书奖提名奖(2010年)。与此同时,在"九五"211工程、"十五"211工程、"211工程"三期、国家重点学科、国家"双一流"建设学科建设过程中,围绕东北振兴取得了一系列重要研究成果。

2011年以来,在东北振兴研究方面我主编了三套系列丛书。第一套是《东北老工业基地全面振兴系列丛书》(共10部,2011年出版),入选"十二五"国家重点图书出版物出版规划项目及年度精品项目,作为国家"211工程"三期重点学科建设项目标志性成果。第二套是《东北老工业基地新一轮全面振兴系列丛书》(共3部,2018年出版)入选国家出版基金项目,作为首轮国家"双一流"建设学科标志性成果。现在呈现在读者面前的是第三套《推动东北振兴取得新突破系列丛书》,入选"十四五"时期国家重点图书出版专项规划项目,也是全国唯一以东北振兴为主题的入选项目,拟作为第二轮国家"双一流"建设学科标志性成果。第一套丛书系统研究了2003年党中央作出实施东北地区等老工业基地振兴战略重大决策以来的阶段性成果,第二套丛书重点研究了2016年东北老工业基地新一轮全面振兴的重大问题,第三套丛书进一步研究了"十四五"时期在区域协调发展战略下推动东北振兴取得新突破的理论和现实问题。

十九届五中全会审议通过的《中共中央关于制定国民经济和社会发展第十四个五年规划和二〇三五年远景目标的建议》提出"推动东北振兴取得新突破",《中华人民共和国国民经济和社会发展第十四个五年规划和2035年远景目标纲要》和《东北全面振兴"十四五"实施方案》对此进行了详细阐释。为此,本套丛书设计了"5+X"的分析框架,其中的"5"指:一是《新发展阶段东北科技创新区域协同发展战略与对策研究》,主要分析坚持创新驱动发展,以技术创新为依托,以东北科技创新区域协同发展促进东北区域协调发展,打造东北综合性科技创新中心;二是《新发展阶段东北国企改革与创新研究》,以国企改革创新为突破口，深化国有企业混合所有制改革，补上东北振兴体制机制性改革"短板"，激发东北各类市场主体活力；三是《新发展阶段推进东北区域一体化发展研究》，推动东北地区空间、市场、产业、基础设施、生态环境等一体化，塑造东北区域协调发展新模式，健全区域协调发展新机制；四是《打造东北地区面向东北亚对外开放新前沿研究》，主要研究"双循环"背景下，将东北地区打造成为面向东北亚制度型开放的新前沿、产业链合作新前沿、"一带一路"北向开放的新前沿；五是《推进东北地方政府治理体系和治理能力现代化研究》，以东北地方政府为研究对象，分析政府治理现代化的约束机制、运行机制、评价机制，优化营商环境，推动有效市场和有为政府更好结合。"X"则指根据东北振兴发展实际进行的专题研究，如《东北地区制造业竞争力提升路径研究》等。

近年来，由我率领的科研团队为深入学习贯彻习近平总书记关于东北振兴发展的重要讲话和指示精神，建立了"项目＋智库＋论坛＋丛书＋期刊＋咨询＋协同""七位一体"的理论和应用研究模式。"项目"建设是指主持了多项国家社会科学基金重大项目和教育部哲学社会科学研究重大课题攻关项目，主持的国家发改委东北振兴司招标课题总数曾列全国高校首位；"智库"建设是指不断扩大中国智库索引来源智库"辽宁大学东北振兴研究中心"在国内外的学术影响；"论坛"建设是指连续成功举办10届"全面振兴辽宁老工业基地高峰论坛"和东北振兴系列高端论坛；"丛书"建设是指主持出版"十二五"国家重点图书出版物出版规划项目及年度精品项目、"十三五"国家出版基金项目和"十四五"时期国家重点图书出版专项规划项目；"期刊"建设是指独立创办《东北振兴与东北亚区域合作》（已连续出版8辑集刊）；"咨询"建设是指在《人民日报》（及其内部参考）《光明日报》《经济日报》等国内外主流媒体、省级以上智库持续发表东北振兴理论文章、咨询建议和研究报告，并曾多次得到省部级及以上领导肯定性批示；"协同"建设是指与国家和地方党政机关、世界一流大学、东北地区高校和科研院所开展有关协同创新研究。

在本套丛书即将付梓之际，谨向长期以来关心支持参与辽宁大学东北振兴研究的各界人士表示崇高敬意，并向中国财经出版传媒集团原副总经理吕萍和经济科学出版社领导及编辑表示衷心感谢！

林木西

2022 年 9 月 5 日于辽大蕙星楼

目 录

第一章

绪　　论

第一节　问题的提出

　　党的十八大以来，以习近平同志为核心的党中央高度重视制造业高质量发展，习近平总书记多次强调，制造业高质量发展是我国经济高质量发展的重中之重，建设社会主义现代化强国、发展壮大实体经济，都离不开制造业，要在推动产业优化升级上继续下功夫。制造业是国民经济的主体，是立国之本、兴国之器、强国之基。从世界历史角度来看，强国的兴衰让我们认识到了一个道理——制造业的繁荣是国家强盛的重要基石。从我国自身发展来看，推进制造业高质量发展，是保障国家安全、建设社会主义现代化国家的必由之路。新中国成立特别是改革开放以来，我国制造业持续快速发展，形成了门类齐全、独立完整的产业体系，对我国社会主义市场经济发展起到了积极的推动作用。目前，我国制造业规模居全球首位，是全世界唯一拥有联合国产业分类中全部工业门类的国家，拥有 41 个工业大类、191 个中类和 525 个小类，成为中国竞争力的重要源泉，也是进一步升级产业所必需的基础和动力。当前，新一轮科技革命和产业变革加速发展，国际产业分工正在深化调整，我国也正在加快转变经济发展方式，这是制造业转型发展的重大历史机遇，要实施好制造业强国战略，加强统筹规划和前瞻部署，到全面实现

"第二个百年奋斗目标"时，把我国建设成为世界领先的制造强国，成为实现中华民族伟大复兴中国梦的重要一环。

自 1949 年新中国成立以来，我国的制造业发展布局经历了几次重大调整。"一五"时期，苏联援建我国的 156 项重点工程，有 70% 以上布局在北方，其中东北占了 54 项。[①] 其后，毛主席在《论十大关系》中提出正确处理沿海工业和内地工业的关系，按照毛主席的重要指示，20 世纪 60 年代中期我国开展"三线建设"，投入大量的人力、物力和财力对西南地区、西北地区开展大规模经济建设。改革开放以后，我国先后实施了设立经济特区、开放沿海城市等一系列重大举措。20 世纪 90 年代中后期以来，我国在继续鼓励东部地区率先发展的同时，相继推出实施西部大开发、振兴东北地区等老工业基地、促进中部地区崛起等区域协调发展战略。党的十八大以来，党中央提出了京津冀协同发展、长江经济带发展、粤港澳大湾区建设、长三角一体化发展、黄河流域生态保护和高质量发展等区域重大战略。尽管如此，我国区域发展分化态势仍然明显，长三角、珠三角等地区已经走上了高质量发展的轨道，但一些北方省份增长放缓。2012 ~ 2020 年，北方经济占全国比重从 42.9% 快速下降至 35.1%，南北经济总量差距从 14 个百分点迅速扩大至 29 个百分点。部分区域发展面临较大困难，东北地区、西北地区发展相对滞后。中国产业经济信息网数据显示，2012 ~ 2018 年，东北地区经济总量占全国的比重从 8.7% 下降至 6.2%，常住人口减少 137万，出现人才"孔雀东南飞"现象。一些城市特别是资源枯竭型城市、传统工矿区城市发展活力不足。

2021 年中央经济工作会议强调，要提升制造业核心竞争力。同年召开的国务院常务会议也提出，要加大对制造业助企纾困和发展的支持力度，扎实推动制造业从中低端向中高端迈进。提升区域制造业竞争力是增强区域经济竞争力、促进区域经济发展的关键因素。随着科技的进

---

① 数据来源于习近平总书记在《求是》2019 年第 24 期上发表的文章《推动形成优势互补高质量发展的区域经济布局》。

步，市场竞争日益复杂化和激烈化，提升区域制造业竞争力逐渐成为人们所关注的热点。因此，系统、深入地研究东北地区制造业存在的问题，进一步寻求提升区域制造业竞争力的策略，是缩小与发达地区差距、促进东北地区区域经济发展的必由之路。

东北地区是我国重要的装备制造业基地，是共和国工业的奠基者，有良好的制造业发展基础，尽管面临一些困难，但主要是产业结构调整和转型升级中遇到的暂时性困难。要重拾昨日的辉煌，打造出新的产业优势，实现全面振兴，关键是做好改造升级"老字号"、深度开发"原字号"、培育壮大"新字号"这三篇大文章，促进制造业向智能、绿色、高端、服务方向转型升级。从经济比重来看，东北地区已经进入以服务业为主的新时代，第三产业比重已经超过第二产业近 20 个百分点。① 而且，第二产业包括了采矿业、制造业、电力燃气水和建筑业，因此仅从比重来看，制造业份额远低于服务业。但制造业产业链条长，具有比服务业更高的产业关联效应。东北地区制造业的影响力系数和感应度系数均处于较高水平，对区域经济发展的带动作用更加明显，仍是引领东北地区振兴发展的主力。

东北地区的辽宁、吉林、黑龙江三省都高度重视制造业高质量发展。辽宁提出要加快"数字辽宁、智造强省"建设，扎实做好结构调整"三篇大文章"，突出重点领域和关键环节，提升制造业核心竞争力。吉林提出以"数字吉林"建设为引领，以智能制造为主攻方向，深化供给侧结构性改革，建设具有国际竞争力的先进装备制造业基地。黑龙江以"百千万"工程为引领，加快建设农业和农产品精深加工、石油天然气等矿产资源开发及精深加工两个万亿级产业集群，打造先进制造业优势产业集群。由此可见，东北三省都把制造业高质量发展作为推动全面振兴、全方位振兴的重要切入点和突破口。当前，东北地区正处于经济转型的关键时期，也是矛盾困难的集中爆发期。"十四五"时

---

① 2020 年，东北地区第二产业实现增加值 17210.62 亿元，第三产业实现增加值 26638.2 亿元，二者占地区生产总值比重分别为 33.7% 和 52.1%。

期，要使东北全面振兴取得新突破，必须正视困难，加快改革创新步伐，对标高质量发展要求，解决东北地区制造业长期存在的体制机制、经济结构、开放合作以及制造业发展不协调等问题。为此，科学评价东北地区制造业竞争力，找出制约东北地区制造业发展的短板、弱项，有针对性地提出提升东北地区制造业竞争力的有效路径，对推动新时代东北全面振兴、全方位振兴有重要意义。

第二节　研究的意义

一、理论意义

一是深化新型工业化理论研究。党的十九届五中全会把"基本实现新型工业化、信息化、城镇化、农业现代化"作为 2035 年我国基本实现社会主义现代化的远景目标之一。工业化是实现现代化的关键因素，"十三五"期间，我国新型工业化取得了巨大成就，无论是综合国力还是经济、科技等实力都更上一层楼，基本走过了经济对外高依存度的发展阶段，进入了自身韧性好、潜力足、回旋余地大的内生良性发展的新阶段，在我国战胜新冠肺炎疫情对经济社会发展带来的冲击中更加体现出工业化和实体经济发展的重要性。但是，与新阶段新要求和新环境新挑战相比，我国制造业质量还不够高、成色还不够足、国际竞争能力还不够强，发展不平衡不充分问题仍然突出，在工业领域还存在很多"卡脖子"的地方，这些问题迫切需要解决。制造业是一国或地区经济发展的基石，对于推动新型工业化进程发挥着举足轻重的作用。长期以来，制造业是支撑东北地区经济发展的重要支柱。然而，近年来东北地区新兴产业支撑不足、产业结构偏重、绿色转型压力较大、智能化水平不高等问题日益凸显，导致制造业发展受到一定影响，经济下行压力加大。大力推动制造业发展是"十四五"时期东北地区推进新型工业化，建设现代化产业体系，推进实现高质量发展的必然要求。本书从区域经济学的视角出发，对分析东北地区制造业竞争力的主要构成、发展现状和影响因素等内容进行研究，并尝试提出提升制造业竞争力的可行路径，在一定程度上丰富和拓展了新型工业化领域的理论研究。

二是深化制造强国理论研究。1963 年，周恩来总理在上海市科技工作会议上发表讲话，指出中国过去科学基础很差，要实现农业现代化、工业现代化、国防现代化和科学技术现代化，把中国建设成为一个社会主义强国。改革开放以来，我国在全面推进实现社会主义现代化的过程中，坚持走中国特色社会主义的工业化道路，始终从中国国情出发推进现代化进程，坚持把推动工业发展放在经济社会发展的全局中来定位。2017 年 10 月，习近平总书记在党的十九大报告中提出，从 2035 年到 21 世纪中叶，在基本实现现代化的基础上，再奋斗 15 年，把中国建成富强民主文明和谐美丽的社会主义现代化强国。中国经济已经由高速增长阶段转向高质量发展阶段，正处在转变发展方式、优化经济结构、转换增长动力的攻关时期。东北地区也处于工业化发展的关键阶段，具备完整的工业体系和雄厚的制造业发展基础是东北地区区域经济发展的优势。"十四五"时期，我国开启全面建设社会主义现代化国家新征程，更加要把制造强国作为建成社会主义强国的重要切入点。因此，踏上第二个百年奋斗目标，推动工业和信息化事业取得新的发展成就，以制造业发展丰富社会主义现代化强国理论，实现新突破，具有十分重要的意义。

三是深化老工业基地改造与振兴理论研究。东北拥有独立完整的工业体系，但是受经济形势的影响，也存在很多短板和弱项，经济与社会发展的整体协调性还有待进一步提升。尽管行业种类多，但是产业链、供应链并不健全，特别是在制造业中的一些核心、关键技术方面存在"卡脖子"现象。为此，研究东北地区制造业竞争力十分必要，应该增强紧迫感，深刻分析疫情过后世界经济和产业布局结构调整的动向，进一步分析制造业竞争力存在的不足，下大力气提升东北地区制造业的现代化生产能力和现代化技术水平，推动制造业高质量发展，也有助于加快健全产业链供应链。

四是深化区域协调发展战略、区域重大战略和区域制造业竞争力理论研究。通过深入实施西部开发、东北振兴、中部崛起、东部率先区域发展总体战略，重点推进"一带一路"和京津冀地区、长江经济带地区、粤港澳大湾区建设，我国区域协调发展呈现较好趋势。为了实现东北地区新时代全面振兴、全方位振兴，制造业发展模式转变、效率提高、质量提升是必然要求。研究东北地区制造业竞争力有助于促进东北地区新旧动能转换，加快建设现代化产业体系，推动经济系统优化升级，促进老工业基地转型发展；也有助于进一步壮大实体经济，推动传统产业向高端化、智能化转变，更好更快地发展战略性新兴产业，推动先进制造业集群发展，促进东北地区培育新技术、新产品、新业态、新模式，全方位提升制造业竞争力；更有助于完善区域制造业竞争力理论，为东北乃至全国制造业竞争力提升提供一些参考价值。

二、现实意义

一是推动东北地区全面振兴，维护国家"五大安全"。习近平总书记在深入推进东北振兴座谈会上的重要讲话中赋予了东北地区维护国家国防安全、粮食安全、生态安全、能源安全、产业安全的政治使命。2021 年，国家出台《东北全面振兴"十四五"实施方案》。东北振兴省部联席落实推进工作机制第一次会议指出，要从维护国家"五大安全"的战略高度，从形成优势互补、高质量发展的区域经济布局大局出发，着力破解体制机制障碍，着力激发市场主体活力，着力调整优化产业结构，推动东北振兴取得新突破。在维护国家"五大安全"特别是维护国家国防安全、能源安全、产业安全上，东北地区制造业具有明显的优势和坚实的基础。辽宁作为工业大省，拥有很强的资源优势，在科教、人力资源和基础设施等方面都具有一定的支撑能力，同时，辽宁具有雄厚的产业基础和比较完备的工业体系，拥有一批关系国民经济命脉和国家安全的战略性产业，正在打造具有国际影响力的先进装备制造业基地、世界级石化和精细化工产业基地、世界级冶金新材料产业基地。吉林装备制造业具有明显的竞争优势，中车长春轨道客车股份有限公司是世界领先的轨道客车基地，具有国际前沿的技术水平；中国一汽已成为年产销300万辆级的国有大型汽车企业集团，产销总量始终位列行业第一阵营；吉林东北亚通用航空技术有限公司填补了吉林在组装制造飞机领域的空白。黑龙江制造业的开发建设可以追溯到新中国成立初期，"一五"和"二五"期间的重点建设项目约占全国投建重点项目的17%，大型装备制造业和重型制造业优势明显。黑龙江拥有全国著名的电机厂、锅炉厂和汽轮机厂等，哈尔滨电站设备集团部分技术达到国际先进水平，是我国最大的发电设备制造、成套和出口基地之一，被誉为"动力之乡"。因此，系统回顾东北地区制造业发展的历史脉络，深入分析东北地区制造业的竞争优势和比较劣势，特别是找到关键短板并在此基础上找到补齐关键短板的有效路径，对推动东北地区制造业高质量发展，更好地发挥维护国家"五大安全"特别是国防安全、能源安全、产业安全的作用具有重要意义。

二是促进"十四五"时期东北全面振兴取得新突破。党的十八大以来，习近平总书记亲自谋划、亲自部署、亲自推动实施区域重大战略和区域协调发展战略。我国先后实施了京津冀协同发展、长江经济带发展、粤港澳大湾区建设、长三角一体化发展、黄河流域生态保护和西部大开发、东北全面振兴、中部地区崛起、东部率先发展等战略。从实施效果来看，总体呈现南北分化凸显、经济增速"南快北慢"、经济份额"南升北降"的态势，各板块内部也出现了明显分化。与其他区域相比，东北地区发展相对滞后，东北老工业基地应有的支撑和辐射作用没有完全发挥出来。从国家层面来看，加快推进东北地区振兴发展，实现新时代东北全面振兴、全方位振兴迫在眉睫。推动东北振兴，关键还是抓住制造业这一优势，形成东北地区振兴发展的新引擎。实践证明，要真正实现东北全面振兴、全方位振兴，需要发挥制造业对经济发展的促进作用，通过降低成本、提升效率、优化结构、提高科技含量等手段提升制造业竞争力。因此，研究东北地区制造业竞争力的现状、问题、提升途径对推进东北振兴发展具有重要的现实意义。

第三节　研究的方法

为确保研究过程的全面性、客观性和系统性，本书采用了文献分析法、理论分析法、比较分析法、实证分析法等多种方法深入探讨提升区域制造业竞争力的理论逻辑，东北地区制造业竞争力的理论基础、作用机理、现实问题等内容。利用统计数据，本书建立了系统的实证研究体系，将理论与实践相结合，使得出的研究结论更具有科学性，提出的对策建议更加合理化。

一、文献分析法

在第二章文献综述部分，笔者通过中国知网、万方数据库、书籍等途径查找和收集了区域制造业竞争力的大量资料，并归纳和整理出了代表性的观点。在第三章理论基础部分，笔者结合现有研究成果提出了东北地区制造业竞争力的测度方法，总结了区域竞争力、马克思主义再生产发展理论、制造业高质量发展理论的主要内容，阐述了提升东北地区制造业竞争力的必要性，奠定了本书的理论基础。

二、理论分析法

本书采用理论分析法明确界定制造业竞争力的相关概念及外延知识，在第四章描述了东北地区制造业发展的几个重要阶段，分析了现阶段东北地区提升制造业竞争力需要解决的主要问题。在科学测度制造业竞争力综合指数的基础上，通过理论分析，找到了影响东北地区制造业竞争力的主要因素，结合定量分析的结论，提出了东北地区制造业竞争力的提升路径及对策建议。

三、实证分析法

为了梳理清楚每个因素对东北地区制造业竞争力的影响方向和程度，本书第六章在理论分析的基础上建立了计量模型。一方面，运用固定效应模型和随机效应模型对东北地区制造业竞争力的影响因素进行静态面板数据的实证分析。另一方面，引入滞后一期的东北地区制造业竞争力综合指数，运用广义矩估计（GMM），对东北地区制造业竞争力的影响因素进行动态面板数据的实证分析。

四、比较分析法

在评价东北地区制造业竞争力的实际水平时，本书实证分析部分使用了比较分析法，既包括地区之间的横向比较，也包括不同年份之间的纵向比较。从时间维度上来看，有各个阶段的制造业发展情况变化；从区域分布来看，有东北三省与发达省份的对比，以及东北地区和东、中、西部地区的对比；从结构比较来看，有不同维度的制造业竞争力分析。

第四节　基本结构与主要内容

第一章为绪论部分。首先，提出问题，说明研究目的以及研究的理论意义和现实意义，进而介绍研究方法。其次，介绍了全书的基本结构与主要内容。最后，说明了本书主要创新点和不足之处。

第二章为文献综述部分。本章分别从区域竞争力、产业竞争力和制造业竞争力这三个方面对国内外相关文献进行综述性梳理与研究，并对已有研究成果进行评述，提出了潜在的创新方向。

第三章为制造业竞争力相关理论部分。首先，在充分理解制造业竞争力的内涵和主要特点的基础上，综合选取规模、市场、经营、成本、技术、生态六个维度评价制造业竞争力，构建了评价中国制造业竞争力的指标评价体系。其次，介绍了区域制造业竞争力的理论基础，包括区域竞争力理论、马克思的社会资本扩大再生产发展理论、制造业高质量发展理论。最后，从三个维度（加快制造业转型升级，夯实东北地区核心能力；助力东北全面振兴，实现经济高质量发展；提升东北地区在全国的战略地位）阐明了提升东北地区制造业竞争力的必要性。

第四章为东北地区制造业竞争力现状分析部分。首先，系统梳理了东北地区制造业发展历程，进行了东北工业溯源，分别以新中国成立、我国实行改革开放、实施东北地区等老工业基地振兴战略、进入经济新常态为时间节点，将东北地区制造业发展划分为四个阶段。其次，从比较完整的制造业体系、以重化工业为主导、区域集中度高、人力资源开发潜力较大这四个角度分析了东北地区制造业的主要特征。最后，从总体规模、创新发展、先进制造业发展、制造业企业主体力量几方面剖析了现阶段东北地区制造业存在的主要问题及原因。

第五章为制造业竞争力的测度与评价部分。收集了 2010～2019 年国内各地区制造业发展的原始数据作为研究样本，利用熵值法计算出了全国各省份的制造业竞争力综合指数，并对东北三省与发达省份、东北地区与其他地区的制造业竞争力进行了比较分析，定位东北地区制造业竞争力在全国的真实水平，量化分析各维度的优势与不足，为探究提升东北地区制造业竞争力水平的可行路径提供可靠依据。

第六章为东北地区制造业竞争力的影响因素分析部分。从理论层面分析并找到影响东北地区制造业竞争力的主要因素，通过模型设定和数据处理分别建立静态面板模型、动态面板模型，然后进行实证分析的方法，衡量各因素对制造业竞争力的影响。

第七章为研究结论与政策建议部分。系统总结了全书的研究过程，并从优化发展环境、充分发挥企业的市场主体作用、创新发展、推进数字化网络化智能化发展、金融财税支持、人才队伍建设、集群化发展、绿色发展等方面提出了适合东北地区实际的制造业竞争力提升路径，以期提升东北地区制造业竞争力。

第五节 主要创新点及不足

本书主要研究东北地区制造业竞争力这一核心议题，通过文献分析和理论分析阐释了制造业竞争力相关的经济学基础理论。在理论分析的基础上，结合东北地区制造业发展的实际情况，建立了评价东北地区制造业竞争力的指标评价体系，对东北地区制造业竞争力的现实情况进行了测度与评价。以量化分析为依据，提出提升东北地区制造业竞争力的合理路径。总的来说，本书的创新之处主要体现在以下三个方面。

第一，从制造业高质量发展理论的角度，基于习近平总书记视察东北时的系列重要讲话精神，提出了提升"区域制造业竞争力"的理论框架，并结合东北地区制造业发展的实际，提出了提升东北地区制造业竞争力的理论与对策。

第二，通过研究东北地区制造业竞争力的测度方式，构建了制造业竞争力的多维度综合分析框架，综合选取了六个维度评价制造业竞争力，分别为规模竞争力、市场竞争力、经营竞争力、成本竞争力、技术创新竞争力以及生态环境竞争力，从比较研究的视角对提升东北地区制造业竞争力进行了具有针对性的研究。

第三，结合东北地区"十四五"时期加快建设数字东北、智能制造的发展目标和发展规划，提出了一些具有操作性的对策建议。

本书的不足之处在于：虽然本书力求选取全国及东北地区近10年的相关数据，但是受统计资料数据所限，特别是黑龙江、吉林两省的一些数据受统计口径的限制，在一定程度上存在数据不全面、不够翔实等问题，因此后续研究需要进一步完善和充实数据。

第二章

国内外文献综述

第一节 区域竞争力的相关文献

一、区域竞争力的内涵

迈克尔·波特（Michael Porter，1990）提出，地区竞争力是指某一地区在保持经济增长和改善居民生活的同时，能够吸引和保留在经济活动中不断获得稳定的、逐渐增加的市场份额的企业的能力。经济合作与发展组织（OECD，1996）提出，竞争力是指在自由公平的市场环境中，一个国家能够在长期中不断提高居民收入的同时生产满足国际市场需求的商品和服务的能力。火瓦里等（Huovari et al.，2001）提出，区域竞争力是保证居民能够享受良好的经济福利，培育、吸引和支持经济活动的能力。

自20世纪90年代以来，国内学者对区域竞争力展开了深入探讨。严于龙（1998）提出，经济竞争力是一个地区在国内竞争中的综合实力，具体反映在对外贸易水平、金融发展、科技创新、社会发展、经济增长等多个方面。仇保兴（2002）认为，区域竞争力涵盖的内容复杂，其概念不容易精准把握。倪鹏飞（2001）提出，研究竞争力应该限定在某一特定区域，并且强调区域之间的竞争力比较，以整体把握经济发展情况。陈晓声（2002）提出，区域竞争力是指以更具有吸引力的价格和质量来设计、生产和销售商品及劳务的能力。张斌和梁山（2005）认为，区域竞争力一方面表现在区域资源环境、经济和社会因素的综合发展程度与发展潜力上，另一方面表现在个人、企业和政府相互影响、相互促进和共同努力上。陆辉（2008）提出，区域竞争力是指一个区域在国内、国际竞争环境下，创造发展环境，推动经济增长，提高生活质量的综合能力。高怡冰和林平凡（2014）提出，创新能力、技术水平、经济结构、企业竞争力、制度环境和协调能力是构成区域核心竞争力的基本要素，并且其与全要素生产率紧密联系。冯严超和王晓红（2018）指出，区域竞争力主要体现为某一地区整合资源、创新技术、生产产品和服务的能力。张凡等（2019）认为，竞争力的本质是各种要素的整合，经济、人力资源、基础设施、国际化、科技创新决定了某一区域的城市群竞争力。郑烨和段永彪（2021）认为，区域竞争力是一种比较优势，即一个地区如何利用资源配置来改善其自身发展，由人才竞争力、基础设施竞争力、文化竞争力、制度竞争力构成。

二、区域竞争力的衡量标准

世界经济论坛（WEF）和瑞士洛桑国际管理学院（IMD）通过研究成果《全球竞争力报告》和《世界竞争力年鉴》衡量各国竞争力水平。世界经济论坛采用 314 个指标评价国际竞争力，主要包括开放程度、制度、政府、金融、基础设施、管理能力、科学技术、劳动力等方面。瑞士洛桑国际管理学院提出了区域竞争力理论模型，将国际竞争力分解为经济运行、政府效率、商务效率与基础设施四大因素，其中包括 20 个子要素，整个评价体系涉及 300 多项具体指标。

科学地衡量区域竞争力的实际水平，是研究区域竞争力问题的重要基础。结合中国经济发展的现实情况，国内学者分析了区域竞争力的基本框架和主要特征，并对区域竞争力的衡量标准进行了广泛探讨。杨珂玲等（2015）认为，区域国际竞争力是一个动态的"合力"，可分为：经济国际化竞争力、环境竞争力、国民素质竞争力、经济实力竞争力、科技竞争力、产业竞争力、金融竞争力、政府管理竞争力、国民生活水平竞争力、基础设施竞争力。

近年来，国内学者关于区域竞争力的研究不断深入。陈晓亮（2020）在"一带一路"的政策背景下研究区域经济发展，探讨区域竞争力的内涵和核心，提出评价省域经济竞争力可以从经济增长、产业结构、开放进步、民生改善、科技创新、绿色生态和交通通信等维度出发，构建出评价竞争力的指标体系，并分析了长江经济带省域之间的竞争力差异。萧烽等（2021）从经济增长、产业结构、开放进步、民生改善、科技创新、绿色生态和区位交通七个维度出发，构建评价长江经济带的区域竞争力指标评价体系，并采用逼近理想解排序法（TOPSIS）进行实际测度。蒋雨晨和徐君（2021）从社会文化状况、环境的宜居程度、人力的素质水平、公共的管理水平、区域形象五个方面构建区域软实力的评价体系。

第二节　产业竞争力的相关文献

一、产业竞争力的内涵

随着学术界对国际竞争力研究逐渐深入，产业竞争力的内涵不断完善和丰富。美国的《关于工业竞争力的总统委员会报告》提出，在自由良好的市场条件下，具有较高国际竞争力的国家既能在国际市场上提供好的产品和服务，又能不断提高本国人民生活水平。范登布希（Van Den Bosch）提出，产业竞争力受到产品质量、技术水平、生产规模等众多因素影响。博尔托（Boltho）提出，一个地区的产业国际竞争力是指其能够在实现外部均衡的条件下获得较高水平生产率增长的能力。

国内关于产业竞争力的研究成果比较丰硕。裴长洪和王镭（2002）提出，产业竞争力是属地产业的相对优势与绝对竞争优势的综合体。陈红儿和陈刚（2002）认为，区域产业竞争力是一个包容性概念，涵盖的内容比较复杂，具体是指特定产业在国内市场上供给产品或提供服务的综合能力。贾若祥和刘毅（2003）认为，产业竞争力是指在特定贸易环境下，某一产业拥有的开拓市场空间、提高市场份额、获得更多经济利润的能力。蔡昉等（2003）提出，如果某个产业能够根据实际的市场需求快速作出反应，整合所有要素资源，适当调整产品结构，那么这个产业自然就拥有了较高的竞争能力，比较容易在市场竞争中占据优势。黄伟等（2005）认为，区域产业竞争力是指在市场经济中某一产业拥有不断拓展业务边界和抢占市场份额的能力，可以用该产业所生产的产品在整个市场中的实际占有率作为衡量标准。王连芬（2005）指出，产业竞争力是指不同地区之间的同一产业在与竞争对手竞争的过程中表现出来的综合能力。

王玉珍（2013）提出，产业竞争力是在市场竞争过程中，某个产业在产业特色、产业优势、市场占有率、创新能力等方面所体现的优势，并且能够凭借这种优势获得实际盈利，不断提高自身综合素质。赵喜仓等（2014）利用区域增长的分解公式对镇江市高新技术产业竞争力和产业结构进行了定量分析，最后根据地区的实际特征对不同类别的产业发展提出对策建议。熊励等（2014）以上海为例进行实证分析，研究发现技术创新能力是推动上海数字产业长期持续发展的核心竞争力。张睿和贾莉华（2017）在厘清竞争力内涵的基础上深入研究林木产品价值链，提出生产经营活动应向高附加值区域进行移动，具体实践措施包括不断增加研发投入、大力推动产学研合作等。

二、产业竞争力的测度与评价

萨吉（Sajee）提出，一个产业中各个企业的综合表现能够充分反映该产业的整体竞争力，并从战略管理和运营管理两大维度对产业竞争力进行综合考察。费切林（Fetscherin，2010）从产业专业化程度、产业出口增长率和相对产业规模三个方面测量了中国 97 个不同类型产业的产业竞争力水平，研究发现超过 70% 的产业的出口增长率高于全球平均水平，接近 50% 的产业在全球化市场中具备产业竞争力，说明产业专业化分工程度越高，出口全球份额占比越重。

不同学者采用不同的方法对产业竞争力展开深入研究。肖军和栾晓梅（2015）从总量规模、创新能力、文化基础设施、需求基础和资本投入五个维度入手，构建了文化产业竞争力的指标评价体系，并运用 TOPSIS 法分析了文化产业综合竞争力。程乾和方琳（2015）深入分析了文化旅游创意产业竞争力的影响因素，并构建了由需求条件、生产要素、支持产业和相关产业组成的评价指标体系。曹萍等（2017）在深入理解产业竞争力的内涵和外延知识的基础上，构建了涵盖现实竞争力、内资企业竞争力、竞争环境、成长竞争力和潜在竞争力五个维度的软件产业安全评价指标体系。杜文忠和崔艳丽（2017）以中国 52 家装备制造业上市公司作为研究对象，并选用因子分析法和 TOPSIS 法，从资本构成、盈利能力、投资与收益、经营能力和偿债能力五个层面综合分析了装备制造业上市公司竞争力。许京婕（2021）以全球价值链分工理论为基础，以增加值率对角矩阵修正的列昂惕夫逆矩阵作为状态转移矩阵，把产业参与全球价值链分工调整归因于最终产品需求对产业增加值变动的综合拉动作用。李晓丹和吴杨伟（2021）在整理制造业分行业数据的基础上，结合最新的行业数据库信息，采用显示性比较优势指数和修正的显示性比较优势指数对制造业的贸易竞争力进行了实际测算和比较分析。王伶（2021）基于工业规模、产业效益和技术创新能力，采用全局主成分分析法对湖北省工业竞争力水平进行了测度。

三、产业竞争力的影响因素

波特（1990）的"钻石模型"被提出后，不断有国外学者对该模型进行完善。鲁格曼和克鲁兹（Rugman and Cruz，1993）进一步研究竞争力问题，并提出了"双钻石模型"。普瓦迪（Purwadi，2012）基于日本经济发展数据进行研究，发现人力资源要素正逐步成为产业竞争力的重要影响因素之一。梅莱奥（Meleo，2014）从外部机遇角度出发，以欧盟排污权交易方案对印度造纸业产业竞争力的影响作为研究对象，考察了国际事件对一国或地区的某产业竞争力影响程度。巴恩斯等（Barnes et al.，2017）深入研究了国家实力和产业政策因素对汽车产业发展的影响，发现泰国汽车产业具有成本、市场、地理位置、贸易和工业政策以及供应方面的优势，因而比南非更具有行业竞争力。辛格等（Singh et al.，2018）发现市场需求、政府政策、资本投资是影响印度电子制造业产业竞争力的重要因素，又进一步证实了这些因素产生的影响。

国内学者十分关注产业竞争力的影响因素，并从不同角度进行了研究。杨贵中（2014）对比了中美产业，指出中国制造业的效益竞争力低于美国，中国服务业无论是规模竞争力还是效益竞争力都低于美国，需要进一步提升产业效益竞争力。刘昌年和张银银（2014）通过构建高新技术产业竞争力评价模型，根据结构方程模型和聚类分析相结合的方法进行实证分析，结果显示，中国高新技术产业投入和产出能够增强产业竞争力。汪芳和柯皓天（2019）利用2002～2016年湖北高技术产业细分行业数据，基于结构方程模型对技术创新提升高技术产业的整体路径进行了检验，并计算了各具体路径的效应值。研究发现：技术创新对湖北高技术产业竞争力的提升具有积极的正向作用，市场需求结构提升路径的作用最为显著，规模实力提升路径的作用次之，生产效率提升路径的作用最小，竞争结构提升路径的作用不显著。马赛（2020）利用2008～2017年的数据分析了中国对外直接投资对"一带一路"沿线56个国家（地区）产业竞争力的影响效应，研究发现东道国产业竞争力受中国直接投资的影响程度由大到小依次为初级产品、工业制成品、商业服务业。

第三节　制造业竞争力的相关文献

一、制造业竞争力的内涵

制造业竞争力的研究是建立在对产业竞争力的总体性研究基础上的，制造业竞争力的研究范式基于较早的产业竞争力的研究，分析制造业竞争力问题应以产业竞争力的理论为基础，国外学者对制造业竞争力的研究起步较早。坎巴帕蒂（Kambhampati，2000）提出，在市场领导者稳定不变的条件下，市场份额足以反映产业的竞争力。苏珊等（Susan et al.，2012）认为，制造业竞争力是一个内涵丰富的综合性指标，并指出制造业竞争力是提升创新能力、提高经济收入和减少贸易赤字的关键因素。詹姆斯等（James et al.，2012）指出，提升制造业竞争力是发展中国家在从农业向制造业转型的过程中迈向更高生产率、提高产出水平、改进人民生活水平的重要途径。

学术界对竞争力的理解是一个动态过程，不同时期、不同学者对制造业竞争力的定义也有所不同。千庆兰（2006）提出，区域竞争力的概念可以从多角度和多层次来理解，按照宏观、中观和微观层面可以将竞争力划分为区域竞争力、产业竞争力和企业竞争力，它们之间侧重不同，但是彼此联系、相互影响。宫俊涛等（2007）提出，规模实力、发展效率、增长能力是制造业竞争力的主要构成部分，并通过定量研究发现中国制造业的发展速度和规模表现优异，劳动生产率大幅度提升。崔艳娟等（2009）对制造业竞争力进行了深入分析，并提出技术创新、可持续发展能力、全要素生产率等因素构成了制造业竞争力。王玉等（2011）指出，产业规划是一种对要素投入结构的选择，产业规划主体所追求的核心目标是由产出水平决定的，因此产业效率的高低能够反映产业竞争力的强弱。周丽等（2013）提出，较低的劳动力成本是中国制造业竞争力的重要来源，但劳动力成本上升是任何一个国家工业化不断深化的必然过程，中国劳动力成本的上涨是把"双刃剑"，需要采取一定的应对措施。苏红键等（2017）基于"一带一路"、生态文明建设等经济发展政策，将绿色、开放、创新等因素列入产业竞争力的考察范畴之中，综合分析了中国制造业竞争力。

二、制造业竞争力的测度与评价

关于制造业竞争力的测度，国内外学者大多倾向于采用综合评价方法。卡纳尼（Karnani，1982）采用均衡市场份额的方法对制造业企业的竞争力进行衡量。门茨勒－霍卡宁（Menzler－Hokkanen，1989）则是从单位劳动成本的角度出发对制造业竞争力进行测度，并将其拓展到用单位产出所消耗的劳动成本对国家的制造业竞争力进行综合评定，但他并未构建一个综合各种因素的产业竞争力评价指标体系。金碚（1996）以国内工业品市场的市场占有率与盈利情况为基础，从产品价格等竞争力直接决定因素和经营管理等竞争力间接决定因素两方面进行深入分析，并构建了竞争力评价指标体系，形成了中国工业品国际竞争力的理论分析框架。魏后凯和吴利学（2002）从产业科技创新能力、合理配置资源能力、产业增长潜力、市场影响等维度构建了竞争力评价指标体系。王军和王瑞（2011）运用 AHP 分析法，以市场竞争力、规模竞争力、创新竞争力、效益竞争力、结构竞争力和成长竞争力为对象，构建了地区制造业竞争力综合指标，对山东制造业的综合竞争力进行测度，从静态、比较静态和与其他制造业发达省份横向比较三个方面对山东制造业进行了研究。齐阳和王英（2014）基于空间布局的角度测算了各区域的产业竞争力，发现珠三角产业竞争力最强，中西部产业竞争力最弱，长三角、环渤海和东北则位于中等位置。彭爽和李利滨（2018）基于比较优势与竞争优势的国际竞争力评价体系同时分析了中国制造业和服务业的发展趋势。

陈虹和李赠铨（2019）选取了几个有一定代表性的制造业行业，

采用主成分分析法对制造业出口贡献率、显示性比较优势指数、产业内贸易指数等九个指标进行了降维分析。明星等（2020）选取装备制造业作为研究对象，通过聚类分析算法按照指标间的相似度将指标分成多个类别，最终形成一个综合指标对竞争力进行了综合评价。梁树广等（2020）将产业竞争力、区域竞争力与质量竞争力理论融入钻石模型中，构建了区域制造业质量竞争力的理论分析框架与评价指标体系，利用熵值法测度了区域制造业质量竞争力。金芳等（2020）从价值形成角度构建了山东制造业细分产业竞争力评价体系，运用主成分分析法对山东 2009～2017 年制造业细分产业结构特征和细分产业竞争力变化状况进行了测度和分析，研究发现制造业细分产业竞争力主要表现为获利能力，但是研发投入等创新能力对竞争力的贡献不明显。

三、制造业竞争力的影响因素

关于影响制造业竞争力的主要因素，学术界尚未形成统一意见。沃多克和格雷夫斯（Waddock and Graves，1989）的研究发现，产业竞争力的高低与研发（R&D）投入有关而与资本投入无关。阿托（Artto，1987）通过研究发现，单位劳动成本的高低与制造业竞争力的变动相关。卡林等（Carlin et al.，2001）提出，出口市场份额与单位劳动成本相关。索托 - 阿科斯塔等（Soto - Acosta et al.，2017）研究发现，环境因素、组织因素和技术因素等是影响知识密集型制造业知识共享的主要因素，且技术因素和组织因素对社交网络知识共享的影响大于环境因素。

国内学者对制造业竞争力的影响因素展开了深入探讨。卫迎春和李凯（2010）、余东华等（2018）采用不同方法测算了中国制造业贸易竞争力，认为中国制造业行业的贸易竞争力有相应的提升，最具贸易竞争力的制造业部门仍然是劳动密集型行业。吕云龙和吕越（2017）指出，制造业出口服务化对制造业行业的国际竞争力产生正向驱动作用，出口电信化和金融化对制造业行业国际竞争力的影响相对较大，而出口零售化和交通运输化的影响则相对较小。孙婷等（2018）通过构建联立方程分析了技术创新、资本深化与制造业产业竞争力的关系，认为技术创新有利于提高产品质量与生产效率，是制造业摆脱劳动要素和资本要素驱动的关键，也是提升制造业产业竞争力的根本途径。任保平（2019）认为，创新战略在中国制造业高质量发展中发挥着关键作用，是新时代驱动中国制造业高质量发展的核心动力。

刘兰剑和王晓琦（2020）认为，技术密度通过影响创新路径的选择间接影响制造业的产业竞争力，即高技术制造业在自主研发和非研发创新两种路径中的交互作用都优于中低技术制造业，而中低技术制造业通过协同创新路径增强国际竞争力的效果更显著。余子鹏等（2020）基于效率与可持续性建立了制造业发展质量指标，反映要素配置质量和环境改善度，研究发现，研发投入、污染治理、人力资本质量和国有资本对制造业发展质量有正向效应，制造业出口、进口及外商资本比率、产业集中度、税率等对制造业发展质量有负向作用。王恕立和吴楚豪（2020）从出口行为和资源配置的双重视角出发，在微观层面进行研究，认为制造企业服务化水平的提高会降低中国企业的出口竞争力。余珮等（2020）认为，全球经贸格局的动荡导致中国制造业国际竞争力的稳定性受到影响甚至呈现脆弱性的风险状态。窦钱斌和李孜（2021）认为，中国制造业出口技术含量变化主要来源于产品技术配置效应，技术进步效应与目标市场选择效应次之，而出口技术含量又是影响中国制造业国际竞争力的关键要素。陈伟等（2021）通过熵权法获得了资源竞争力、核心能力竞争力以及管理竞争力的构成权重，基于三个维度之间的相关关系获得了三者的重要性评价，研究发现，提升资源竞争力是提升知识密集型制造业总体竞争力的关键。

四、东北地区制造业竞争力

东北地区作为重要的老工业基地，其制造业在整个工业体系中占有重要地位，对区域经济发展有重要影响。因此，东北地区制造业竞争力的相关问题一直是区域经济学的研究焦点。张约翰和张平宇（2011）通过测算东北地区制造业竞争力发现基础设备和交通设备制造部门的竞争优势最为明显，人才优势、技术创新和外商投资等影响因素作用不显著。秦惠敏和徐卓顺（2016）指出：东北三省制造业产业集聚程度较低，专业现代化水平不高，应根据各自制造业的发展需求，有针对性地进行产业优化配置、提升产业竞争力、加快产业转型升级；加大招商引资力度，提升产业竞争力；提高科技创新能力，向产业链高端化发展；加快地区经济建设，推动产业转移。温馨等（2019）分析了辽宁装备制造业的发展现状，重点阐释了供给侧结构性改革对装备制造业的影响，提出要通过加强核心技术研发、调整产业结构、激发企业活力、培养创新人才、加强产业联动等方式提高辽宁装备制造业核心竞争力。刘彬彬（2020）指出：东北地区多数装备制造企业尚未形成规模效益，存在技术水平低、创新能力弱、人才不足、能耗高、效率低等问题；为推动制造业转型升级和可持续发展，东北地区应建立装备制造业自主创新体系，加强高端技术研发，重视人力资源队伍建设，推进技术进步与效率提升。韩美琳等（2020）指出，东北地区制造业存在关键核心技术缺失、创新能力不足、绿色转型进展缓慢、产业链协同尚未形成等问题，建议从营造智能转型的政策环境、建立和完善制造业创新体系、建立健全企业基础数据库、充分运用互联网手段等方面精准施策，推动"东北制造"向"东北智造"转变。

学术界普遍认可，制造业的转型发展对东北振兴有重要意义。周正等（2021）提出，高端装备制造业是东北地区的优势产业，对区域经济有较强的拉动作用，并深入分析了国有高端装备制造企业混合所有制改革的前提条件及其影响因素，论证了东北地区高端装备制造企业实行混合所有制改革的合理性和可行性，确定了混改企业内部国有资本的最优占比。王婷婷等（2022）基于企业数据与空间计量方法分析了东北地区制造业空间格局的演化特征，发现东北地区制造业空间格局对空气污染具有显著的集聚效应和技术效应，但规模效应和结构效应不明显，提出未来东北地区应加快高技术行业的绿色升级，依靠科技进步改善地区空气质量。姚鹏和葛晓莉（2022）研究发现，老工业基地振兴政策显著提高了企业的全要素生产率，促进企业升级，应加大老工业基地振兴政策支持力度，针对不同地区的产业发展现状实施差异化的振兴政策，深化国有企业改革，大力发展民营经济，增强老工业基地科技创新能力和动力。

第四节　本章小结

世界各国在不同背景下产生了具有明显差异性的竞争力理论，国外学者对竞争力的研究起步较早，但是尚未形成统一观点。由于实际国情、发展理念、经济制度等方面存在差异，中国制造业竞争力理论不能照搬国外的理论和经验。改革开放以来，中国借鉴发达国家经验，积极推动产业发展，逐渐完善制造业竞争力的相关理论。制造业发展对东北地区的经济发展有重要意义，为了系统阐述制造业竞争力的相关理论，本书从研究视角、研究方法和主要结论等方面对现有研究成果进行了梳理和总结。

第一，目前关于制造业竞争力的研究成果比较丰富，但是学术界关于制造业竞争力的内涵及其外延知识仍然存在不同观点。制造业竞争力涵盖的内容十分丰富，不同学者从不同的研究背景出发，对制造业竞争力的理解肯定会存在差异性，所以明确界定制造业竞争力存在一定困难。学者们主要是从各自的研究领域入手，探讨了制造业竞争力的主要构成要素，但是缺乏对制造业竞争力全面、系统的阐释。

第二，关于如何衡量制造业竞争力水平，现有文献缺乏系统性总结。大多学者阐述了提升制造业竞争力的必要性，充分肯定了推进制造业转型发展对实现经济高质量发展的重要意义，并基于各自的研究视角阐述了制造业竞争力的构成要素和提高制造业竞争力的有效手段。然而，关于制造业竞争力的衡量标准，现有文献并没有给出明确答案。为科学评价东北地区制造业竞争力水平，需要进一步探讨制造业竞争力的衡量标准。

第三，关于东北地区制造业竞争力的定性研究比较多，但是涉及实证研究的文献比较少。在东北振兴的背景下，大多数学者主要从产业升级、制造业转型等方面研究东北地区制造业发展的相关问题，主要侧重于现象描述、案例分析、理论分析等定性研究方法，关于东北地区制造业竞争力的定量研究很少。

为此，本书尝试从理论分析和实证分析两个方面系统阐述东北地区制造业竞争力的内涵、衡量标准、影响因素等内容，在理论分析的基础上，深入探讨东北地区制造业竞争力的发展历史、现实状况以及目前存在的一些问题，结合实证分析的结论，探索提升东北地区制造业竞争力的实践路径，为推动东北地区经济发展、实现东北全面振兴提供具有实践价值的对策建议。

第三章

制造业竞争力相关理论

第一节　制造业竞争力的内涵及评价方法

一、制造业竞争力的内涵

结合现有研究成果，本书认为制造业竞争力是指不同区域空间的产业系统在相互比较中所体现的，优于其他区域的素质和能力，是某一个地区制造业真实水平和发展实力的综合体现。制造业竞争力由多种要素构成，集合了生产要素、需求要素、相关产业、支持产业等多个方面，最终展现出来的是一种综合竞争优势。制造业竞争力主要由六个方面构成，分别为规模竞争力、市场竞争力、经营竞争力、成本竞争力、技术创新竞争力、生态环境竞争力。具体解释如下：

一是规模竞争力。规模竞争力是指在规模经济实现过程中，某一地区的制造业发展以规模扩大为核心竞争力，逐渐在区域经济发展中形成独具一格的竞争优势。在实践中，拥有制造业规模优势的地区更能在经济活动中占据优势地位。

二是市场竞争力。市场竞争力主要是制造业企业在市场竞争中所表现出来的能力，具体可以体现为企业在制造业中的市场占有率高，产销情况良好，并且能够在竞争中不断成长。

三是经营竞争力。经营竞争力可以衡量企业经营生存能力，以及在市场竞争中的优劣程度。为实现长远发展，企业需要在供给产品和服务的同时，不断完善经营方式、创新经营理念，逐渐提升企业的综合素质。

四是成本竞争力。成本在本质上是一个商品价值的构成部分，对企业的经营情况、所提供产品和服务的质量、企业核心竞争力均有影响，拥有合理的成本是企业在竞争中获得优势地位的关键。在激烈的市场竞争中，拥有成本优势的企业更容易生存下来。

五是技术创新竞争力。随着人口红利逐渐消失，劳动力成本逐步上升，与此同时，资源环境承载能力接近上限，转变发展方式是顺应时代潮流的必然选择，技术创新已经成为影响制造业长期发展的重要因素。作为实现科技创新和新旧动能转换的主要载体，制造业承担着推动技术创新的重要责任。

六是生态环境竞争力。在可持续发展理念的指导下，制造业企业的绿色发展是未来的必然趋势，减少污染物排放、减少能源消耗、倡导绿色生产、维护自然环境是企业发展的长远目标，也是企业生态环境竞争力的具体体现。

二、制造业竞争力的指标评价体系

（一）构建原则

制造业竞争力评价是一个全面的、复杂的过程，本书在指标体系的构建中采取对称性要素的设计，构建了包含六个维度的指标评价系统，确保制造业竞争力评价体系的科学有效。在评价体系的构建过程中，本书主要遵循了以下原则。

第一，科学性原则。评价某一个地区的制造业竞争力应遵循理论与实践相结合的逻辑，选取科学的评价方法客观地反映实际情况。一方面，设计制造业竞争力的评价指标体系要以科学理论作为指导，扎实的理论基础是构建制造业竞争力指标评价体系的关键；另一方面，评价竞争力水平的前提是科学地掌握评价对象的实质和特征。在此基础上有针对性地收集文献资料，清晰、简练、规范地描述实际情况，从而获得具备较强科学性的评价结果。

第二，全面性原则。评价制造业竞争力的过程中涉及产业评价和竞争力评价，需要融合两方面的评价要素。为了提高评价结果的准确性，在设计制造业竞争力指标体系时，应充分考虑影响制造业发展的各种要素，包括企业的规模、从业人数、经营状况等，最大限度地避免评价结果的局限性。总之，指标之间应相互联系、相互配合，评价体系要能够从整体上反映出某个地区制造业竞争力的实际情况。

第三，针对性原则。制造业发展在推动中国经济社会发展中发挥着重要作用，随着经济发展程度不断加深，制造业经历了几次重大转型，每一次转型都可以被看作是新陈代谢的过程，所以研究制造业竞争力要具有长期发展的视角。面对复杂多变的国内外环境，评价制造业竞争力需要以产业为核心，有针对性地选取评价制造业发展的各项指标，直观地展现制造业竞争力的变化情况。

第四，可操作性原则。测算出科学准确的制造业竞争力综合指数，是研究制造业竞争力的重要基础。在实际操作中，由于统计口径、核算方法、指标缺失等原因，一些评价指标可能无法获得。因此，在选取评价制造业竞争力的各项指标时，可操作性应该被事先考虑到。例如，数据的连续性和完整性对于测算结果具有很大影响，如果某个指标难以获得，那么就需要重新选取其他指标进行替代。

第五，层次性原则。评价制造业竞争力是一个比较复杂的工作，整个指标体系包含的指标数量庞大，因此指标体系的结构设计需要具有逻辑性。根据各项指标的特征进行分类，确保指标之间层次清晰，能够对某一地区的制造业竞争力进行有效评价。此外，遵循层次性原则也能够更加直观地体现不同地区的制造业竞争力差异，提高评价结果的实用性。

（二）指标选择

在理论研究中，本书对制造业竞争力的基本概念及其外延知识进行了深入解读。在此基础上，本书将规模竞争力、市场竞争力、经营竞争力、成本竞争力、技术创新竞争力以及生态环境竞争力这六个维度设置为一级指标，并选取了 17 个二级指标和 30 个三级指标，以期形成结构合理、层次鲜明、逻辑清晰的评价体系，能够较为客观地分析中国各省份制造业竞争力的水平与变化态势。制造业竞争力评价体系的具体内容如表 3 – 1 所示。值得注意的是，在经济活动中，各项指标对制造业竞争力的影响方向不同，本书在设计评价体系时充分考虑到了这一问题，并对指标的作用方向进行了区分。在表 3 – 1 中，"＋"表示某项指标的数值越大，该地区的制造业竞争力水平越高；"－"表示某项指标的数值越大，该地区的制造业竞争力水平越低。

表 3 – 1　　　　　　　　制造业竞争力指标评价体系

一级指标	二级指标	三级指标	衡量方式	指标方向	指标符号
规模 竞争力	工业规模	产出水平	工业总产值	＋	X1
	制造业 规模	人力资本	制造业从业人员人数	＋	X2
		企业规模	制造业企业单位数	＋	X3
	规模质量	利润规模	制造业利润总额	＋	X4
		资产规模	制造业资本总额	＋	X5
市场 竞争力	盈利能力	销售情况	制造业销售产值	＋	X6
		利润水平	制造业营业利润	＋	X7
		发展前景	企业利润总额增长率	＋	X8
	开放水平	产业外向度	出口交货值占销售产值比重	＋	X9
	市场份额	市场占有率	地区销售产值占全国比重	＋	X10

续表

一级指标	二级指标	三级指标	衡量方式	指标方向	指标符号
经营 竞争力	生产工具	基础设施	固定资产装备水平	+	X11
	经营能力	资本增值	所有者权益	+	X12
		财务状况	资产负债率	−	X13
		资本收益	资本利润率	+	X14
	生产效率	获利能力	总资产贡献率	+	X15
成本 竞争力	经营成本	主营业务成本	制造业主营业务成本	−	X16
		劳动力成本	制造业管理费用	−	X17
	经营费用	财务费用	制造业利息支出	−	X18
		销售费用	制造业销售费用	−	X19
		管理费用	制造业从业人员平均工资	−	X20
技术创新 竞争力	创新投入	科研经费	R&D 经费	+	X21
	创新产出	科研项目	R&D 项目数	+	X22
		科研成果1	技术市场成交额	+	X23
		科研成果2	有效发明专利数	+	X24
	创新能力	科研企业	高新技术企业数	+	X25
生态环境 竞争力	绿色生产	工业废水	化学需氧排放量	−	X26
		工业废物	一般工业固体废物产生量	−	X27
		工业废气	二氧化硫排放量	−	X28
	节能减排	能源消耗	每单位地区生产总值（GDP）能源消耗量	−	X29
	绿化环保	城市绿化	城市建成区绿化覆盖率	+	X30

三、制造业竞争力的评价方法

（一）计算权重的方法

根据前文对制造业竞争力内涵和特征的描述，本书认为可以用一个综合指数来衡量制造业竞争力。综合指数是将多种不能同度量的数值分别改变为能同度量的数值，然后进行对比，表明事物综合变动的指标。制造业竞争力的综合指数是评价体系中所有指标汇总后的综合形式，最终用来反映某个地区制造业竞争力的总体情况。各项指标在整个评价体系中所占的权重值，可以用来衡量其对制造业竞争力综合指数的影响大小。在具体计算过程中，可以首先分别求出各项指标的权重值，再结合各个地区的具体指标数据得到衡量制造业竞争力的综合指数。为准确求出各项指标的权重值，本书需要根据统计学的理论知识，选择合适的计算方法。计算权重的方法有很多种，主要有以下几种。

第一，主成分分析法。通过正交变换将一组可能存在相关性的变量转换为一组线性不相关的变量，转换后的这组变量即为主成分。在全面分析某一问题时，往往要提出很多与此有关的变量，每个变量在不同程度上反映出研究对象的某些信息。每个主成分既涵盖了原始变量的绝大部分信息，又能做到信息之间不重合，从而对指标数据进行"降维"处理。

第二，层次分析法（AHP）。这是一种定性分析和定量分析相结合的多准则决策方法。建立一个层次结构分析模型计算出各因素的单排序权值，再用上一层次因素本身的加权得出层次总排序权值。层次分析法适用于既具有分层交错评价指标的目标系统又难以定量描述的决策问题。

第三，专家打分法。专家打分法是一种定性描述定量的方法。根据评价对象的要求选定评价指标和标准，聘请专家给出指标的具体分值，赋予相应权重进行整体评价。其操作程序简洁，对于可定量和不可定量的指标都适用，但是评价结果比较容易受到主观因素影响，可能缺乏客观性。

第四，熵值法。熵值法是指用来判断某个指标的离散程度的数学方法。离散程度越大，该指标对综合评价的影响越大。"熵"是对信息的不确定性的一种度量，信息量越大，不确定性就越小，熵也就越小。根据各项指标的变异程度，利用信息熵计算权重值，能够为含有多项指标的综合评价工作提供依据。它能够在很大程度上消除主观影响，避免计算结果受到不必要因素的干扰。

鉴于以上对测度权重的不同方法的分析和比较，结合指标数据的实际特点，以及制造业竞争力综合指数的测算要求，本书认为相较于其他方法，使用熵值法来测算制造业竞争力评价体系中的各指标权重值，能够保证最终结果的客观性、准确性和科学性。因此，本书选择使用熵值法测算指标权重值，进而对制造业竞争力作出综合评价。

（二） 指标权重的确定

在信息论中，"熵"是一种针对不确定性的度量。熵值法的基本思想是根据每一项评价指标所提供的信息去确定指标权重。在操作中，主要是对指标的熵值进行运算，然后根据熵值的具体特征去判断某个指标的离散程度，以及某个方案的随机性或无序程度。需要明确的是，某一指标对综合指数的影响与该指标的离散程度呈正相关。指标的变异系数越大，说明其在综合评价中所发挥的作用越大。在涉及多指标的综合评价时，应首先利用信息熵计算出各项指标的权重，再根据各项指标的变异程度来进行综合评价。采用熵值法测算制造业竞争力评价指标的权重的操作步骤如下。

第一步，将制造业竞争力评价体系中的原始数据进行标准化处理，实现各项指标的无量纲化。整体来看，评价体系包含的指标数量较多，且不同指标的计量单位差异较大。如果直接采用各项指标的原始数据进行计算，数值高的指标对综合指数所产生的影响或作用可能被放大；相应地，数值低的指标对综合指数所产生的影响或作用就可能被削弱。在这种情况下进行计算，得出的各项指标的权重值并不准确，最终结果的可信度就更加难以保证。为有效保证结果的科学性和可靠性，运用熵值法计算权重的前提是对原始数据进行无量纲化处理，消除因各项指标的度量方式不同而对计算结果产生的不良影响，运用处理后的数据进行实际计算，保证权重值的准确性，提高最终结果的稳定性。具体来说，针对某项指标而言，根据该指标对结果的影响方向不同，可以按照公式（3-1）来进行无量纲化处理，即：

$$Y_{ij} = \begin{cases} \dfrac{X_{ij} - minX_{ij}}{maxX_{ij} - minX_{ij}}, & X_{ij}\text{为正向指标} \\[3mm] \dfrac{maxX_{ij} - X_{ij}}{maxX_{ij} - minX_{ij}}, & X_{ij}\text{为负向指标} \end{cases} \quad (3-1)$$

其中，i 表示省份，j 表示评价体系中的某一个具体指标；X_{ij}表示第 i 个省份第 j 项指标的原始数据（i = 1，2，3，…，n；j = 1，2，3，…，m）；$maxX_{ij}$和 $minX_{ij}$分别表示第 i 个省份第 j 项指标的最大值和最小值；Y_{ij}表示原始数据经过无量纲化处理后的标准化值，公式决定了 Y_{ij}的取值在 0 到 1 之间。

第二步，无量纲化处理后的数据可以被用来计算信息熵的具体数值。需要计算出第 i 个省份的第 j 项指标的特征比重或者贡献度，公式如下：

$$p_{ij} = \frac{Y_{ij}}{\sum_{i=1}^{n} Y_{ij}} \quad (3-2)$$

第三步，根据数理统计学知识，计算得到该项指标的信息熵值，即：

$$e_j = -\frac{1}{\ln n} \sum_{i=1}^{n} p_{ij}\ln p_{ij} \quad (3-3)$$

式（3-3）决定了 e_j 的取值应该在 0 到 1 之间，第 j 项指标的权重则取决于其信息熵值与 1 之间的差值，即差异系数 d_j 的大小。d_j 的具体数值越大，该信息的效用值也就越大，说明这项指标对最终评估结果的影响程度越大。

第四步，通过计算可得第 j 项指标的差异系数，即：

$$d_j = 1 - e_j \quad (3-4)$$

最后，利用以上信息来确定每个指标的权重，即：

$$w_j = \frac{d_j}{\sum_{j=1}^{m} d_j} \quad (3-5)$$

第二节　区域制造业竞争力的理论基础

一、区域竞争力理论

关于区域竞争力的研究大多起源于对国家竞争力的分析，后来逐渐被用于经济共同体、省域、城市等不同层次。当前，世界上评价国家（区域）竞争力的权威机构主要有两个：一是世界经济论坛；二是国际管理发展学院。现有的很多研究成果借鉴了这两大研究机构的核心理论和方法，并在此基础上进行创新和发展。国内关于区域竞争力的研究成果比较丰富，但是由于不同学者在竞争力理论、影响因素、评价方法等方面存在分歧，所以尚未形成统一的、被广泛认可的观点。整体上，关于区域竞争力的研究可以总结为以下三个方面。

一是资源配置理论。该理论认为区域竞争力的核心是某一区域具有对资源的占有、汲取、使用的能力。王秉安（1999）提出，具有较高区域竞争力的一方能够在市场和资源竞争中占据优势，因而拥有更强的资源配置能力。二是财富创造理论。一些学者认为，在一定的社会经济制度和自然条件下，区域竞争力是指能够比竞争对手生产出更多财富的能力。三是可持续发展理论。该理论认为可持续发展能力是区域竞争力的重要体现，区域竞争力指的是一个区域通过利用和改善自然环境、经济结构、制度体系等内外部环境，从而实现可持续发展的能力。

总体而言，国内外学者关于区域竞争力的研究是基于不同的研究视角进行的，因而得到的结论具有较大的差异。一些研究成果代表宏观层面的竞争力分析，也有一些研究成果侧重于中观或者微观层面的竞争力分析。此外，还有一部分学者综合了不同的研究背景和研究方法，从提高区域全面发展的角度提出观点，认为区域竞争力主要是指某地区在经济、社会、文化、教育等不同领域发展具有优势，最终体现为综合实力的强弱。

二、马克思的社会资本扩大再生产理论

（一）社会资本扩大再生产理论

扩大再生产是指在扩大规模的基础上进行的再生产过程，从而实现将剩余价值的一部分用于生产性积累。扩大再生产主要分为两种：一种是外延型扩大再生产；另一种是内含型扩大再生产。前者是通过增加生产要素的投入而实现的扩大再生产，后者是通过提高生产要素的使用效率而实现的扩大再生产。马克思曾经指出，工业发达的国家向工业较不发达的国家所显示的，只是后者未来的景象。在人类的生存和发展的最基本需要被满足之后，随着欲望的不断增加，就会出现新的需要，产生物质资料的生产活动。在马克思看来，物质资料的生产活动是最基本的人类活动，是改造世界、推动历史的生产活动。马克思将社会总生产分成生产资料生产和消费资料生产两个部分，并指出生产是整个社会再生产过程的起点，保持经济增长和扩大再生产需要让生产资料和消费资料这两个部分之间以及它们内部的生产按比例协调进行。

（二）生产资料优先增长理论

生产力推动经济发展，资本总量增加的同时，资本构成也不断变化。马克思指出，资本的有机构成是指由资本的技术构成决定资本的价值构成。一旦资本的技术构成发生变化，往往会引起资本的价值构成发生一定的变化，而资本的价值构成通常可以反映出技术构成的变化情况。马克思在扩大再生产理论的基础上指出，社会扩大再生产必须满足生产资料优先增长的条件。也就是说，在其他条件保持不变的情况下，生产资料的生产需要先于消费资料的生产。在生产过程中，资本通常以生产资料和劳动力的形式存在。一般而言，生产资料的价值通过产品而得到保存，从生产资料到产品的转移是在实际劳动中发生的。只有生产

资料在劳动过程中丧失存在于旧的使用价值形态中的价值时，才会把价值转移到新形态的产品上。企业和市场的发展是内嵌在整个社会系统之中的，必然受生产力与生产关系规律的支配。马克思指出，企业的产生主要是出于节约生产成本、提高生产效率的需要，从生产力或生产的角度来看，协作式生产需要有人进行指挥，从而更好地协调生产过程的分工和成果收益。

三、制造业高质量发展理论

党的十九大报告明确提出，中国经济已由高速增长阶段转向高质量发展阶段。这向全社会释放了明确的信号，我国经济的发展已经从数量优先的时代进入质量优先的时代，这也意味着我国经济发展同中国特色社会主义一道进入新时代。高质量发展的根本在于经济的活力、创新力和竞争力。党的十九大报告将高质量发展描述为更高质量、更有效率、更加公平、更可持续的发展。高质量发展主要有以下几个特征：一是高质量发展能够满足人民日益增长的美好生活需要；二是高质量发展能够体现创新、协调、绿色、开放、共享的发展要求；三是高质量发展能够有效配置资源，实现高质量的投入产出比；四是高质量发展使经济增长处于合理区间。

新中国成立以来，特别是改革开放以来，我国逐渐成为世界工厂，发展成为世界第一制造业大国，但发展质量并不高，制造业产品普遍科技含量不足，产品质量和附加值与发达国家相比差距较大。随着我国深入推进供给侧结构性改革，党中央、国务院高度重视制造业高质量发展。2016 年，国务院办公厅印发了《贯彻实施质量发展纲要 2016 年行动计划》，将提升产品质量列入国家行动，这标志着国家层面开始实施质量强国战略。制造业高质量发展的核心是创新驱动，要通过创新来实现更高的生产效率、更高的经济效益、更合理的资源配置、更优化的经济结构、更绿色环保的发展方式，从根本上将我国制造业发展由要素驱动转向创新驱动。制造业是国民经济发展的重要基石，是实现我国经济转型升级的重中之重。2018 年 1 月，习近平总书记在主持中央政治局第三次集体学习时提出，要深化供给侧结构性改革，加快发展先进制造业，推动互联网、大数据、人工智能同实体经济深度融合，推动资源要素向实体经济集聚、政策措施向实体经济倾斜、工作力量向实体经济加强。2018 年底召开的中央经济工作会议明确提出推动制造业高质量发展。2019 年 4 月 17 日，习近平总书记在听取重庆市委和市政府工作汇报时指出，要坚定不移推动高质量发展，扭住深化供给侧结构性改革这条主线，把制造业高质量发展放到更加突出的位置，加快构建市场竞争力强、可持续的现代产业体系。2020 年的《政府工作报告》明确提出，支持制造业高质量发展。

国家发改委发布的《增强制造业核心竞争力三年行动计划（2018～2020 年）》指出，从全球看，发达国家"再工业化"和"制造业回归"步伐加快，发展中国家加快推进工业化进程。美国的再工业化战略不只是从服务业主导回归到传统制造业主导，而且是瞄准科技含量、产品附加值最高的制造业领域，抢抓制造业全产业链条发展的先机。从全世界发展趋势来看，以人工智能等为代表的新一代信息技术正与制造业深度融合发展，先进制造业呈现数字化、自动化、集成化、网络化和智能化等发展趋势。从我国来看，制造业发展处于重要的战略机遇期，需要顺应世界发展大势，从"中国制造"走向"中国智造"，从物质型消费走向服务型消费，有效扩大我国超大市场规模、产业体系完善等诸多优势，使我国制造业企业向全球布局。在全球性金融危机过后，制造业已经成为全球各国经济竞争的焦点。扎实推进我国制造业高质量发展，逐步实现我国由制造业大国向制造业强国转变，占领未来全球市场竞争的制高点，将有力促进我国经济持续健康发展。

当前，世界百年未有之大变局正加速演进，新冠肺炎疫情的反复冲击使得全球产业链、供应链极不稳定，无法支撑世界经济的复苏增长。全球产业布局的调整不断深入，新的产业链、价值链、供应链正在加速形成，我国制造业正依托科技创新能力的快速提升，实现发展质量的新突破。创新是第一动力，要围绕量的合理增长和质的有效提升这两个着力点，构建产业链与创新链、资金链、人才链协同发展的产业生态，加快发展高新技术制造业，围绕研发、生产、服务等环节，促进我国制造业价值链结构不断优化。推进我国经济的高质量发展，实现由量的快速增长到质的不断提升，关键是加快实体经济发展，而实体经济发展的关键是制造业发展。因此，制造业高质量发展是我国经济高质量发展的重中之重。制造业是社会主义现代化国家建设的主导力量，制造业高质量发展是质量和效率的统一，是我国经济发展的主攻方向和战略目标。我国先进制造业的创新体系要从技术和市场两个方面入手，发挥人才技术和市场主体的潜力和作用，激发多元主体的创新活力，提升制造业价值链水平，促进制造业向智能化、服务化方向发展，迈向全球价值链的中高端。

第三节　提升东北地区制造业竞争力的必要性

一、加快制造业转型升级，夯实东北地区核心能力

2021 年 11 月 19 日，世界制造业大会在安徽合肥开幕，时任中共中央政治局委员、国务院副总理刘鹤在致辞中指出，制造业是大国经济的"压舱石"，对推动经济增长和提高就业质量至关重要。制造业的水平高低直接体现了一个国家的生产力水平，是区别发展中国家和发达国家的重要因素之一。"大"而"全"是东北地区制造业发展的显著特征，其传统制造业规模相对较大，但在"高精尖"方面发展存在很多短板，产业结构不合理的问题比较突出。21 世纪以来，智能制造伴随着信息技术的飞速发展也得到了普及，传统的制造业已经不能满足人民日益增长的需要。大力发展制造业是促进东北地区经济振兴发展的关键，制造业发展的重点是优化产业结构、改善产品的质量、增强产业的配套能

力，进而逐渐淘汰落后产能，推动创新发展，广泛应用新技术、新业态、新模式。

东北地区是重化工业基地和制造业聚集地，以往对新兴制造业的投资规模一直相对较高。然而，由于近些年东北地区经济增速放缓，传统产业收益有所降低，政府财政压力相应提升，社会融资相对困难，导致制造业领域资金投入不足。相对于北京、上海、广州、深圳等国内发达地区，东北地区制造业科技含量有待提升，新兴产业发展比较缓慢。东北地区正在经历经济发展模式的深刻转变，在经济下滑的压力下，制造业发展具有紧迫性。为寻求新的经济增长点，东北地区迫切需要发挥产业优势，调整经济结构，有效整合内外部资源，推动传统产业和新兴产业耦合，实现区域经济跨越式发展。

制造业是实体经济的重要组成部分，因此要依托新技术改造传统制造业，以产业链延伸为主线，大力培育发展新兴产业和先进制造业集群，进一步提升产业链水平，使新兴产业发展壮大，适应不同阶段市场需求的细微变化，推动重大技术成果规模化应用，促进制造业生产方式逐渐从传统模式向高端模式转变。与此同时，要加快先进制造业和现代服务业融合和发展，逐渐形成从制造环节延伸到研发设计和营销服务的全产业链条，为制造业高质量发展营造良好的环境。东北振兴重在制造业振兴，高质量的发展基础是更高水平、更有竞争力的制造业。新时期，东北地区需要推动制造业向形态更高级、分工更复杂、结构更合理的方向转变，抓住新一轮工业革命这个机遇，培育新兴产业集群，实现传统产业的技术改造和转型升级，逐渐形成现代化的产业体系。

二、助力东北全面振兴，实现经济高质量发展

纵观世界工业发展史，自从英国开启第一次工业革命以来，工业就占据着主导地位，成为各个国家的支撑，更是全球竞争市场的焦点。新一轮科技革命和产业变革与加快转变经济发展方式形成历史性交汇，新的国际产业分工格局也在重新洗牌。在"双循环"背景下，东北地区

需要抓住机遇，实施好制造强国战略，实现制造业的高质量发展，以制造业的高质量发展促进东北全面振兴取得新突破。长期以来，制造业是东北地区产业的"顶梁柱"，发展态势一直较好。但是东北地区制造业长期主要依靠大量的要素投入来维持生产经营活动，在人口红利逐渐消失、资源约束收紧的背景下，传统的依靠土地、劳动力、资本进行大规模生产的制造业发展方式难以持续。就发展模式而言，经济高质量发展更重视制造业发展的"质"，这就要求东北地区制造业从规模竞争向质量竞争转变，不断推进产业变革和技术创新，从而提高制造业企业的运营效率和经济效益。

东北地区是全国最早的老工业基地，在中国工业体系的建立和国民经济发展中贡献了重要力量。随着经济发展和社会进步，经济高质量发展给东北地区制造业发展提出了更高要求，迫切需要老工业基地转型、转变观念，以新思想、新理念开拓新格局。当前世界制造强国纷纷发展战略性新兴产业，竞争愈发激烈，制造业高质量发展事关中国发展大局。作为中国装备制造业基地，实现新旧动能转换是东北地区制造业实现由高速增长向高质量发展转型的必由之路。制造业领域聚集了新技术、新产品和新发明，大批科学技术成果的广泛应用显著提高了产品质量，对提升东北地区智能制造水平具有积极影响。与此同时，以工业机器人为代表的智能装备，正为传统的装备制造以及物流等相关行业的生产方式带来了新一轮产业变革。

现阶段，东北地区正处于由传统制造业向现代制造业转型的崭新历史时期，高技术制造业持续支撑能力不足的问题比较严重。为突破发展瓶颈，东北地区需要推进制造业基础高级化、产业链现代化，逐步实现制造业优化升级。制造业只有实现发展模式转型，才能够为转变经济发展方式奠定基础，并最终形成强大合力。市场需求的不断变化催生出越来越多的个性化定制产品需要，传统的制造业不能满足新的需求，需要不断地进行创新，摆脱东北老工业基地传统的"路径依赖"，进一步探寻一条新的发展路径势在必行。因此，在新发展阶段，提升东北地区的制造业竞争力，对于转变区域经济发展方式，推动东北地区早日实现全面振兴、全方位振兴具有十分重要的意义。

三、提升东北地区在全国的战略地位

提升制造业竞争力有助于东北地区更好地完成维护国家"五大安全"的政治使命。党中央对东北地区作出战略定位，"维护国家国防安全、粮食安全、生态安全、能源安全、产业安全"，而"五大安全"中的能源安全、产业安全都与东北地区的制造业有着非常紧密的联系。提升东北地区制造业竞争力，不断加快产业的转型与升级，改造升级装备制造、汽车、石化等优势产业，有助于东北地区从战略高度上维护国家"五大安全"，推动东北振兴取得新突破。黑龙江省推动产业融合向纵深发展，农业聚焦农业资源与环境、农业生产、农业市场和农业管理等方向，工业聚焦装备制造、食品加工、生物医药、新材料等方向，为维护国家"五大安全"打好基础。吉林省为了更好地落实总书记重要要求，全面实施藏粮于地、藏粮于技战略，扛稳维护国家粮食安全责任，率先在建设东北平原粮食安全产业带、全力遏制黑土地数量减少和质量下降、全力打造现代种业创新高地、破解产粮大县财政穷县难题等方面采取了一系列举措，对维护国家粮食安全起到了十分重要的作用。辽宁充分利用在石油化工方面的优势，为维护国家能源安全作出应有贡献，同时积极利用人工智能、大数据、物联网等新一代、信息技术为产业赋能增效，特别是提高了制造业从研发到设计到制造再到系统集成的整个链条的智能化水平，从而有力维护了国家的产业安全。国防安全方面，辽宁是军工装备大省，是空军、海军主战装备的重要研制基地，在国防现代化建设中承担着非常重要的责任。因此，提升制造业竞争力对东北振兴有重要作用，有助于提升东北地区在全国的战略地位。

提升制造业竞争力有助于东北地区融入"一带一路"建设。通过引进一批先进智能制造企业，聚集一批教育、医疗、家居、零售等生活配套项目，构建创新汇聚高地，把东北地区打造成"一带一路"共建国家的创新产业集聚区。黑龙江是国家"一带一路"向北开发的重要平台，贸易伙伴有 200 多个国家和地区，与"一带一路"合作国家中的 62 个国家有贸易往来。黑龙江自由贸易试验区对东北地区的开放也发挥着至关重要的作用，截至 2021 年 7 月底，黑龙江自由贸易试验区有企业 11403 家，其中新设外资企业占全省的 24.1%。吉林省"十三五"期间初步形成开放平台，拥有各类开发区 120 个，国家级边合区 2 个，省级边合区 5 个，各类口岸 20 个，全力建设中日韩国际合作示范区，引进更多日韩企业，加快建设珲春海洋经济示范区，畅通对外通道，更好地融入"一带一路"建设。建立面向发达国家的开放合作平台，强化区域价值链、产业链、供应链分工合作，有助于更好地实现对外开放，打造东北地区对外开放新前沿。辽宁优化进出口市场和产品结构，鼓励自主知识产权和自主品牌产品出口。加快企业走出去步伐，引导优势企业带动上下游企业"结伴出海"，到"一带一路"合作国家投资兴业，建立高水平的研发中心、制造基地和工业园区。推动先进装备和企业走出去，鼓励优势企业海外并购重组有技术和资源的国外企业，提升企业国际化发展能力。

提升制造业竞争力有助于集聚东北地区人才。作为制造业基地，东北地区不断加大力度培育制造业"工匠"，大力提倡发扬"工匠精神"，不断完善人才结构，千方百计打造特色人才基地，以人才集聚推动老工业基地产业转型升级。东北地区通过强化职业教育和技能培训、制订制造业人才的培养计划，分批次对专业技术人才、制造业经营管理人才、特殊技能人才进行培养，完善从研发、转化、生产到管理的人才培养体系，培养造就一批装备制造业优秀企业家和高水平经营管理人才，多形式、多途径选拔优秀人才特别是制造业领域的专业技术人才到国外或先进省份进行学习培训，进一步探索建立国际培训基地或与先进省份交流的机制。进一步加大对制造业人才的引智力度，引进制造业领军人才和紧缺人才，进而构建有利于吸引人才的体制机制。黑龙江在人才"引、育、留、用"全环节发力，坚持以平台集聚人才，发挥产业、资源、区位、科教等优势，为东北地区集聚人才做好布局。吉林优化留人引人的政策环境，改善人才环境。"十三五"期间，吉林实施了"长白山人才工程",出台了青年人才专项支持政策,专业技术人才、高技能人才分别增长了17.11%和24.79%。辽宁近几年科技人才大量外流,存在"孔雀东南飞"现象。为应对此问题,辽宁创新引才育才载体,优化升级"兴辽英才计划",启动实施"英才兴辽行动",深化"双招双引"工程,吸引高层次人才。通过这些引才政策,能够缓解东北地区人才流失,集聚人才,为东北地区全面振兴、全方位振兴提供人才支撑。

第四节 本章小结

关于制造业竞争力的定义,不同的学者有不同观点。本章在总结现有文献资料的基础上,结合国内产业发展特点,清晰地界定了制造业竞争力的内涵,明确了制造业竞争力的主要构成。在充分理解制造业竞争力的内涵和主要特点的基础上,本章阐明了研究制造业竞争力相关问题所依据的基础理论。另外,如何科学评价制造业竞争力的真实水平是本书的研究重点之一。本章从科学性、全面性、针对性、可操作性和层次性出发,构建了评价中国制造业竞争力的指标评价体系。具体内容如下。

第一,在文献分析的基础上,归纳出制造业竞争力的主要内涵,梳理研究了东北地区制造业竞争力的基础理论。具体来说,本章从区域竞争力理论、马克思的社会资本扩大再生产理论、制造业高质量发展理论入手,概括了制造业竞争力相关理论的主要观点,为整体的研究内容提供了有力的理论支撑,同时也能够提高研究结论的说服力。

第二,从理论层面说明了提升制造业竞争力的必要性。结合中国经济发展的特点,阐明提升制造业竞争力是促进经济高质量发展的重要手段。立足于东北地区制造业的发展历史和现实状况,制造业竞争力发展在东北振兴中发挥着重要作用,提升东北地区制造业竞争力有助于推动产业转型升级、实现东北振兴、提升东北地区在全国的战略地位。

　　第三，阐明制造业竞争力的评价方法。从中国制造业发展的实际情况出发，结合现有文献的主要分析方法，构建出评价中国制造业竞争力的整体框架。综合考虑各方面因素，最终选择规模竞争力、市场竞争力、经营竞争力、成本竞争力、技术创新竞争力以及生态环境竞争力这六个维度作为评价制造业竞争力的指标。在对比了几种常见的计算权重的统计方法后，最终选择了熵值法这一客观赋值法计算各项指标的权重值。根据每项指标的实际估计值可以算出制造业竞争力综合指数。

第四章

东北地区制造业发展现状分析[①]

　　东北地区是中国重要的工业基地，制造业是其传统优势，具有较强的竞争力。虽然在我国近代工业中，东北工业比关内工业要晚了近20年，但是从19世纪80年代一直到辛亥革命之前，东北地区的工业发展异常迅速。东北地区具有非常丰富的人力资源、土地资源、水资源、港址资源、矿产资源，这些条件为其工业发展奠定了基础。近代东北制造业发展的历史，有民族资本主义工业的萌芽，有半封建半殖民地工业的痕迹，有殖民地工业的印记，有计划经济时期经济的腾飞，也有改革开放时期的"东北现象"，还有21世纪东北全面振兴、全方位振兴的新希望。中国仅用几十年时间走完了发达国家几百年走过的工业化历程，创造了经济快速发展和社会长期稳定两大奇迹，东北地区功不可没，被誉为"共和国长子"。

第一节　东北地区制造业发展历程

一、东北工业溯源（近代~1949年）

　　优越的地理位置和丰富的矿产资源，使东北地区成为中国近代工业

[①] 本章数据来源：国家统计局发布的相关资料，《辽宁工业经济史》（鲍振东等，2014）以及辽宁、黑龙江、吉林历年的统计年鉴。

的发源地之一。清朝以前，东北地区的手工业比较发达，包括采矿业、纺织业、制盐业、酿酒业等，近代开始发展榨油业、造纸业、皮革业、机器制造业等。洋务运动后期（19世纪中后期）起，清政府在东北各地兴办矿业，使得东北地区的矿业开始有了长足的发展。至此，东北地区开始发展煤炭开采业、铁矿开采业、金矿开采业等产业。20世纪初，东北地区轻工业开始兴起，但是因清政府的腐败和外敌入侵，这些民族轻工业只能在不断的抗衡中慢慢发展。甲午战争后，沙俄迫使清政府签订了《中俄合办东省铁路公司合同章程》（简称《中东铁路合同》）和《东省铁路公司续订合同》，开始修筑纵贯东北共2400公里的中东铁路。日俄战争后双方重新划分了在东北地区的势力范围，原由沙俄修建的中东铁路部分路段被转让给日本。1906年"南满洲铁道株式会社"（以下简称"满铁"）成立，经营铁路、港口、煤矿、钢铁、炼油等重要的基础工业，"满铁"既是日本控制、掠夺东北资源的经济组织，也是为日本侵华战争服务的情报组织。这一时期，东北地区开始出现能源工业、电力工业、炼铁工业、机械制造业等。近代工业的种类有官办、官督商办，也有官商合办和商办。民国初期，东北地区的工业又有所发展，具有官僚资本性质的企业开始发展，其中包括奉系的军阀官僚资本，具有民族资本性质的企业也得到了不同程度的发展，这一时期还出现了东三省兵工厂。

日军占领了东北之后，开始大规模掠夺，1932年扶植傀儡政权伪满洲国，先后制定了两个"产业开发五年计划"。1939年6月制定了所谓的"北边振兴计划"。在此期间，"满铁"的铁路营业有很大的收益，其总资本在1940年1月已经增加到14亿元，远超过1933年的8亿元。满洲重工业开发株式会社（以下简称"满业"）主要经营钢铁业、轻金属产业、汽车制造业、飞机制造业和煤炭业，是重工业的综合性垄断公司，其初创时资金为4.5亿元，到1945年6月，"满业"及其子公司全部资本达到55.99亿元。日本殖民统治者在伪满后期大力发展重工业，企图将东北地区改造成日军的军事工业基地，生产部门的工人数、生产额以及拥有100名工人以上的工厂数、所用电量、使用动力工厂的动力机台数和马力数，都远超消费资料的生产部门，重工业比重逐渐增大，轻工业比重逐渐减小。

1945 年，抗日战争胜利后，东北经济发展迅速，当年的工业总产值中，东北占全国的 85%，台湾占 10%，而包括北京、上海、天津、重庆、武汉、南京等地的其他所有地区的总和仅占 5%，当时东北的工业规模甚至已经超过同期的日本。1946 年黑龙江省哈尔滨市解放，这是解放战争期间我军解放的第一个大城市，是我军的重要战略后方和物资补给地，军事重工业基础非常深厚，仅 1948 年一年，就制造了 2000 多门 60 毫米迫击炮，为解放东北乃至全国作出了重要贡献。

二、第一阶段（1949～1978 年）

新中国成立后，迫切需要实现从传统农业国向工业国的转变，东北地区为此作出了重要的贡献，成为"中华人民共和国工业的摇篮"。基于战略需求和产业基础，国家对东北制造业建设发展予以优先支持，举全国之力支援东北。"一五"期间，国家的 156 个重点项目中有 54 个项目布局在东北。与这些重点建设工程相配套，国家在东北地区建设了一系列的工业项目。1953 年 12 月，鞍钢大型轧钢厂、无缝钢管厂和 7 号高炉"三大工程"的建成投产标志着中国第一个大型钢铁联合企业初具规模；1956 年，总部位于吉林省长春市的中国第一汽车制造厂建成并投产，中国第一辆解放牌卡车制造下线；1956 年 9 月，中国第一架喷气式歼击机歼 -5 在国营 112 厂（现沈飞集团公司）试制成功，使得中国成为当时世界上少数几个能够批量生产喷气式飞机的国家之一。在此背景下，东北地区制造业快速发展。以辽宁为例，其工业总产值从 1949 年的 11.9 亿元，上升到 1952 年的 44.7 亿元，4 年间共增长 2.76 倍。1957 年，辽宁省工业总产值为 102 亿元，占全国工业总产值的 14%，位居全国第 1 位。再以黑龙江省哈尔滨市为例，"一五"期间，在当时苏联援助黑龙江的 22 个重点建设项目中，哈尔滨占了 13 个，包括电机厂、汽轮机厂、锅炉厂、轴承厂、伟建机器厂（哈飞前身）、量具刃具厂、阿城继电器厂等，奠定了哈尔滨以重工业为核心的经济结构，哈尔滨由此成为重化工城市，成为了名副其实的工业巨子。1950年，毛泽东主席在访问苏联后回国途经哈尔滨视察时，称赞哈尔滨为"共和国的长子"。

"一五"结束时，东北地区工业总产值累计达189.5亿元，占全国工业总产值的23.5%。1952～1978年，虽然东北地区工业总产值占全国工业总产值的比例呈先扬后抑趋势，从1952年的21.6%增长到1957年的23.4%，再减少到1978年的17.1%，但是东北地区工业总产值从74.3亿元增加到804.4亿元，增长了9.83倍，东北地区工业年均增速9.6%，显著高于国家平均水平，如表4-1所示。东北短时间内形成了以重化工业为主导的资本密集型的制造业体系。此后，东北地区制造业历经"二五"和"国民经济调整"的时期，总体上呈现不断发展的态势。

表4-1   1952～1978年东北地区工业总产值

年份	全国 （亿元）	东北地区 （亿元）	占比 （%）	辽宁 （亿元）	吉林 （亿元）	黑龙江 （亿元）
1952	343.3	74.3	21.6	44.7	10.7	18.9
1957	783.9	183.8	23.4	120.0	24.1	39.7
1965	1552.1	327.8	21.1	191.5	51.8	84.5
1970	2695.5	518.2	19.2	299.2	77.3	141.7
1971	3097.9	571.8	18.5	336.1	91.1	144.6
1978	5485.4	936.6	17.1	442.1	132.8	229.5

资料来源：1949～1984年《中国工业经济统计年鉴》，为便于比较统一，按照1952年不变价格进行折算。

总的来看，此阶段的东北制造业发展带有鲜明的计划经济色彩，初始产业的选择主要立足于有效服务国家推动工业化发展的实践需求，其快速发展主要得益于国家的大规模要素投入和东北地区丰富的矿产资源优势。由于这一时期国家秉持重化工业优先发展的战略,因此作为国家工业化"排头兵"的东北制造业中重工业的结构性占比较高,最高时期占比超过 75%,如图 4 - 1 所示。单一重型的结构使得东北地区的制造业特别是重化工业在短时间内就建立起竞争优势,这一时期东北地区制造业的产品特别是重工业产品(如重工业范畴的化学纤维、钢铁等)的产量在全国占绝对地位。1957 年,全国化学纤维产业全部集中在辽宁。东北地区生铁产量占全国的 59%、钢产量占全国的 44.5%。与重工业快速发展形成鲜明对比的是,东北地区的轻工业并未得到充分发展,轻工业主要以农产品加工业为主。这一时期的快速发展对后续东北地区制造业的发展带来了两个方面的显著影响:一方面是形成了比较完整的重工业体系,培育形成了一大批有重要影响力的大型工业企业,一直到今天这都是东北制造业发展的根基所在;另一方面形成了以重工业为主的产业结构,这使得东北地区制造业的发展具有很强的路径依赖性,产业结构调整呈刚性特征。1978 年,辽宁地区生产总值为 229.2 亿元,位居全国第三,黑龙江和吉林分别为 174.8 亿元和 82.0 亿元,东北三省的地区生产总值为 486.0 亿元,相当于广东的 2.6 倍。

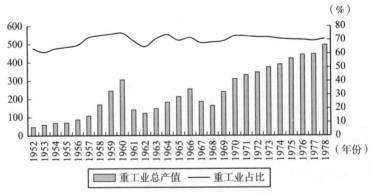

图 4 - 1　1952～1978 年东北地区重工业产值及其占比

资料来源:《全国各省、自治区、直辖市历史统计资料汇编(1949～1989)》,按当年价格计算。

三、第二阶段（1978～2003年）

改革开放后，中国的制造业从相对封闭的环境中得以释放，依托在劳动力、土地等方面的比较优势，逐步融入国际市场，外部的需求也成为推动制造业发展的巨大动力。与此同时，地方竞争成为推动中国经济增长的重要动力，各地都在谋求如何快速推进自身的工业化，制造业发展的区域性竞争日益加强。在国家开放战略的支持下，东部沿海省份的制造业凭借政策红利和区位优势得以快速发展。此外，伴随着社会主义市场经济理论认知和实践的不断深化，行政指令在资源配置中的绝对性作用被逐步弱化。东北地区制造业获得国家直接的要素资源支持不断减少，必须以市场配置价格购入原材料、设备，但对工业化发展等国家战略的服务保障功能与作用并未相应削减，东北地区制造业仍旧大量承担着生产中间产品的计划性任务。相对于国内其他区域，东北地区制造业更新改造及扩大再生产投资面临着独特的"双轨制"抑制。东北制造业的先发优势在多重因素的作用下在逐步衰减，总体发展由之前的平稳状态向衰退演变。这种衰减最直接的体现是东北制造业在全国的占比不断下降。1978年改革开放伊始，东北工业总产值全国占比为17.1%，但到1984年下降到15.4%，如图4-2所示，6年时间下降了1.7个百分点。1995年全国第三次工业普查时，东北地区制造业的规模进一步萎缩，作为东北"龙头"的辽宁工业总产值占比排位已下滑至第6位，不足江苏的50%，远低于广东、山东、浙江。① 这一时期东北地区制造业衰退的另外一个重要原因是，东北地区的制造业以国有企业为主，相较于异军突起的民营制造业企业，国有企业体制机制相对僵化，缺少市场竞争意识，加之改革进程缓慢、历史包袱比较重，难以有效适应市场

---

① 1995年全国第三次工业普查数据显示，全国工业比重超过5%的地区有7个，其中5个分布在东部地区（即江苏12.9%、广东10.4%、山东9.2%、浙江8.8%、上海5.6%），1个分布在中部地区（即河南5.1%），1个分布在东北地区（即辽宁5.4%）。

经济发展的需要。所以在这一轮全国范围内制造业的快速发展中，东北制造业的效率与竞争力明显下滑。1992~1996 年东北地区制造业的全要素生产率增速还能维持在 2% 以上，但 1998~1999 年增速显著下滑，降至 0.626%。

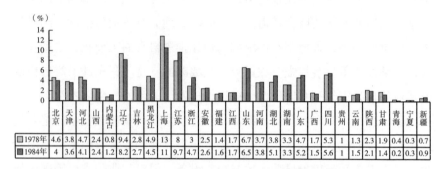

(%)	北京	天津	河北	山西	内蒙古	辽宁	吉林	黑龙江	上海	江苏	浙江	安徽	福建	江西	山东	河南	湖北	湖南	广东	广西	四川	贵州	云南	陕西	甘肃	青海	宁夏	新疆
1978年	4.6	3.8	4.7	2.4	0.8	9.4	2.8	4.9	13	8	3	2.5	1.4	1.7	6.7	3.7	3.8	3.3	4.7	1.7	5.3	1	1.3	2.3	1.9	0.4	0.3	0.7
1984年	4	3.6	4.1	2.4	1.2	8.2	2.7	4.5	11	9.7	4.7	2.6	1.6	1.7	6.5	3.8	5.1	3.3	5.2	1.5	5.6	1	1.5	2.1	1.4	0.2	0.3	0.9

图 4-2　1978 年和 1984 年全国工业总产值地区构成

资料来源：1949~1984 年《中国工业经济统计年鉴》，其中西藏数据缺失。

从制造业的内部结构上看，改革开放后国家改变了重工业优先发展战略，明确要主动进行产业结构调整。在此战略的引导下，20 世纪 80 年代初以"传统消费品"工业和以"耐用消费品"为代表的消费品制造业在东北地区获得了一定程度的发展，轻工业比重有所上升。但由于产业发展的路径依赖，东北地区的制造业仍旧呈现典型的重工业化特征，装备制造、冶金、石化三大产业在制造业中的占比仍旧在 60%~70% 徘徊。

在区域性竞争的大背景下，东北地区也力图通过选择性的产业政策来促进制造业的调整升级，但各地区产业政策重视"量"而忽视"质"的特征突出，政策内容多侧重于对传统工业企业扩大生产规模、加大开放力度、引进外资等方面，对产业的创新、新兴产业的规划与支持明显不足。从实践看，这些选择性的产业政策助推了诸多要素向制造业集聚，提高了装备制造等传统制造业的市场规模，但忽视了创新能力等"质"的问题，同时传统规模的扩张使得东北地区的制造业发展进一步落入"路径依赖"陷阱。

四、第三阶段（2003～2013 年）

工业是东北老工业基地的命脉所在，制造业的整体性衰退自然引起了东北地区经济发展下滑。2003 年，辽宁生产总值已经跌至第 8 位，吉林、黑龙江则退到中等水平。针对"东北现象"，更是着眼于东北地区的重要作用，国家决定实施振兴东北等老工业基地战略。党的十六大报告明确指出，要"支持东北地区等老工业基地加快调整和改造"。2003 年 10 月，中共中央、国务院联合印发《关于实施东北地区等老工业基地振兴战略的若干意见》，标志这一战略的正式实施。伴随着振兴东北老工业基地战略的实施，聚焦重新培育东北地区制造业的竞争优势这一东北振兴重中之重的内容，国家相继出台了一系列加大对传统产业投入的政策举措。与密集出台的产业政策举措相配套，东北地区装备制造、冶金、石化等制造业再次获得国家大规模的要素资源投入。东北地区制造业进入新一轮的规模与产能的扩张期。统计数据显示，辽宁的固定资产投资增长率在 2003 年当年就超过了全国平均水平，吉林和黑龙江也分别在 2005 年和 2006 年超过了全国平均水平。2003～2012 年十年期间，东北三省固定资产总体投资增长率达到 30% 以上，部分年份更是接近 50%。从实施效果上看，东北振兴战略的实施和大规模的要素资源投入在直接推动制造业规模快速扩张的同时，对制造业全要素生产率的增长也起到了短暂的刺激作用。2003～2004 年，东北地区制造业的全要素生产率增至 2.864%。东北地区制造业的整体利润增长也保持在较高水平，2013 年，东北地区制造业整体利润出现两位数以上增长，达到 13.7%，高于长三角以及京津冀地区。以制造业为核心的东北地区工业规模达到了历史最高峰，以辽宁为例，2013 年辽宁工业总产值达到 52892 亿元，是振兴之初的 8.65 倍。图 4-3 为 2003～2013 年辽宁规模以上企业工业总产值。

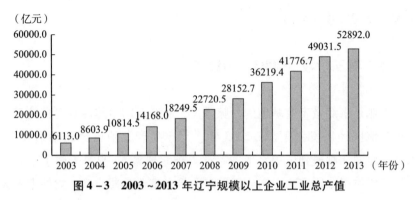

（亿元）

图4－3　2003～2013年辽宁规模以上企业工业总产值

资料来源：2014年《辽宁统计年鉴》。

综合来看，制造业投资的大幅增加确实有力推动了东北地区经济的总体性增长，但同时也加重了东北地区制造业的资本投入冗余，即大规模中间产品的生产导致产能过剩日益严重。以钢铁行业为例，这一时期东北地区钢铁产业的产能利用率平均只有70%，不但与国际标准相比显著过剩，而且产能过剩已经由区域性、结构性过剩发展到绝对过剩的程度。产业产品结构性矛盾的凸显，表明这一时期东北地区制造业的转型进程迟缓，没有在区域经济快速增长期间有效实现内在竞争力的提升。东北地区制造业总体仍是"大而不强"的状态，产业竞争优势并未得到真正意义上的重塑。

五、第四阶段（2013年至今）

2013年，伴随经济新常态的出现，中国经济由高速增长向中高速增长调整，在此过程中，由于新旧动能转换的滞后，东北地区经济增长持续处于低速。尤其是实施了十余年的以投资驱动为主的"输血式"增长方式的调整，进一步扩大了制造业结构性缺陷对经济增长的抑制效应，供需的不匹配成为东北振兴中的突出矛盾，并导致东北经济陷入新一轮增长困局，出现新的"东北现象"。2015年，辽宁规模以上工业增加值同比下降4.8%，吉林和黑龙江分别增长5.3%和0.4%，增速严重下滑，且均低于全国平均水平（6.1%）。针对东北老工业基地面临的困境，2016年，中共中央、国务院制定出台《关于全面振兴东北等老工业基地的若干意见》，标志着新一轮东北振兴正式启动。该意见提出，在新一轮东北地区全面振兴中，要促进装备制造业等优势产业提质增效，准确把握经济发展新常态下东北地区转型升级的战略定位，控制重化工业规模，练好内功、提高水平、深化改革，提高制造业核心竞争力，再造产业新优势。同时，国家出台了一系列的支持举措。

在此背景下，东北三省以供给侧结构性改革为主线，聚焦智能制造和数字经济两大方向，着力推动制造业的新旧动能转换，特别是新动能的培育。辽宁实施"数字辽宁、智造强省"战略，出台制造业数字化赋能的相关行动方案。改造升级"老字号"，即用人工智能、大数据、物联网等新一代信息技术为装备制造等产业赋能增效；深度开发"原字号"，即对冶金、石化等产业链补链、延链、强链，改变"炼"有余而"化"不足、"粗化工"有余而"精细化工"不足、原材料有余而增值链不足的状况；培育壮大"新字号"，即强力推进战略性新兴产业、高技术制造业和高技术服务业发展，大力引育高新技术和科技型中小企业的发展。通过调整"三篇大文章"，推进制造业结构调整。吉林实施"吉林制造"向"吉林智造"战略转型。省级层面统筹推进工业稳增长、调结构，不断增强汽车、石化、农产品加工等传统支柱产业的内生动力。将智能制造作为制造业转型升级的重点，提出培育百户以上制造业数字化转型试点示范企业，推动千户以上企业实施数字化转型改造，引导万户以上企业实现与云计算（服务）、大数据等新一代信息技术融合，加快制造业数字化、网络化、智能化发展。黑龙江启动实施新的制造强省战略，将数智生产定位为制造业发展的主攻方向，完善智能制造生态体系，围绕精密超精密、电力装备、高档数控机床、机器人及智能制造、海洋工程装备、交通装备、石油石化装备、生物制造等制造领域部署研发方向，着力推动制造业特别是装备制造业"三化"——数智化、低碳化、海外化，使制造业向"智造"转变。这一时期东北三省在推动制造业提质增效的过程中，虽然具体的政策内容有所差异，但都在遵循东北地区制造业特性的基础上强化赋能。以新一轮信息技术与制造业的高度融合为突破口，以主攻智能制造、推行绿色制造、发展服务型制造为重点，是新一轮东北地区制造业发展模式变革的共同策略。

第二节　东北地区制造业发展的主要特征

作为中华人民共和国最早建立的工业基地，东北地区制造业在长期发展过程中逐步建构起较为完备的制造业体系，并在遵循自身发展轨迹的基础上形成以重化工为主要特征且具有较强比较优势的产业结构和独特的产业地域空间布局。

一、比较完整的制造业体系

新发展格局的重心是国内大循环。国内大循环构建的两个重要战略基点：一是需求侧方面，发挥具有巨大的内需市场的优势，通过着力打通国内生产、流通、消费的各个环节，充分发挥内需潜力，使国内市场和国际市场更好地联通、促进；二是供给侧方面，发挥具有独一无二的完整工业体系的优势，使得"中国制造"在很大程度上实现内部的配套，为供给侧的持续供给能力提供基础性保障。同时，推动需求、供给在更高水平更高层次上实现动态均衡，为国内循环的持续发展提供动力。作为中华人民共和国工业的摇篮，东北地区以实体经济起家，一直是中国经济命脉上的重要一环，拥有一大批对国家安全起关键性作用的战略性产业。东北的经济结构表现为重工业国企形成的单一产业集群，这种集群非常适应大规模的工业生产，因为它能将资源集中在一个地方，批量地进行生产、制造和销售。虽然近几年随着区域经济的整体性下滑，制造业的比较优势有所衰减，但仍保有完善的制造业基础和完整的制造业体系。目前，联合国产业分类目录中列举的 41 个大类、191个中类、525 个小类工业行业，超过九成的门类在东北地区都能找到。

产业层次覆盖从初始的原材料加工业到高端的先进制造业。

　　黑龙江的矿产资源十分丰富，有较大的储备量，可开发资源较为丰富，玻璃用大理岩、水泥用大理岩和火山灰、石墨等矿产资源的储备量在全国名列第一。其装备制造业是"一五""二五"时期的重点项目，占当时全国的比重为17%，这为黑龙江拥有完备的制造业体系奠定了坚实的基础。黑龙江拥有电机厂、锅炉厂、汽轮机厂等工厂，哈尔滨电站设备集团技术先进。黑龙江的重型装备、国防装备、发电设备、大型和超大型数控机床的制造水平在国内处于领先的地位，为保障国家"五大安全"奠定了良好的基础。黑龙江2021年发布的"十四五"规划纲要中提出，"十四五"时期，黑龙江优先发展战略性新兴产业，主要包括绿色食品、高端装备、新材料、生物医药等；重点培育三大先导性产业，主要包括新一代信息技术、新能源、节能环保产业；在基础性产业上进行优化提升，主要包括化工、汽车和传统能源产业。同时，黑龙江着力打造2个万亿级产业集群，分别是农业和农产品精深加工产业集群和石油天然气等矿产资源开发和精深加工产业集群，推动黑龙江先进制造业向万亿级产业集群迈进。

　　吉林深入落实"1＋7"制造业高质量发展实施方案，全力推进万亿级汽车产业，千亿级食品、石化、医药、装备、冶金建材、光电信息产业。吉林省"十四五"规划纲要中提出，吉林要突出电动化、智能化、网联化、共享化，完善设计研发、整车制造、零部件配套、汽车物流、市场服务创新等汽车全产业链体系，支持长春建设世界一流汽车城。加快新能源汽车规模化发展、智能网联汽车市场化应用，推动零部件核心技术自主可控，推进新能源汽车电池、电机、电控及燃料电池、智能网联等系统配套能力本地化。实施"红旗"百万辆民族品牌汽车建设工程，提高红旗、奔腾、解放等自主品牌汽车市场占有率。建设四平专用车、辽源移动检测车、吉林防爆车、通化消防车、白城氢燃料电池车等生产基地。据2021年数据，一汽集团全年营收7070亿元，居全国制造业企业第二位。2020年，吉林省精细化工行业产值237亿元。其中，农药产值11.8亿元，占比5.0%；涂料、油墨、颜料及类似产品产值24.8亿元，占比10.5%；合成材料产值157.1亿元，占比66.3%；专用化学品产值43.3亿元，占比18.3%。吉林的优势产业主要有医药产业（生物制药、医疗器械健康材料产业、制药设备等）、化工产业（炼油、清洁能源化工等）、装备制造产业（轨道交通、精密仪器与装备等）、电子信息产业（工业App、教育、医疗公共服务等软件信息技术服务）、冶金建材产业（钢铁、有色金属、玻璃、水泥等）、轻工纺织产业（主要发展纤维、纺织、袜业、服装、家具、木制品、造纸等行业）。总体看，吉林的制造业体系完整，门类齐全。

  辽宁是我国工业体系最完备的省份之一，铁路、船舶、航空航天和其他运输设备制造业，黑色金属冶炼和压延加工业，开采辅助等九个工业门类的产值能够进入全国前五名；装备制造、石化、冶金等产业在国家产业布局中占有重要位置；机器人、医疗CT、高档数控机床、燃气轮机、大型油轮等辽宁产品在国际市场具有一定竞争力。辽宁工业从刚刚兴起阶段的现代矿冶产业、轻工业发展到官办矿业、轻纺工业、机械与军工产业。"一五"期间，辽宁为国家经济建设作出了重要贡献，全国17%的原煤、27%的发电、60%的钢产自辽宁，在辽宁，诞生过很多个中华人民共和国工业史上的"第一"，如第一炉钢、第一架飞机、第一艘巨轮等。辽宁是军工装备大省，是空军、海军主战装备的重要研制基地。在辽宁诞生了"辽宁号"和"山东号"航空母舰、新一代核潜艇、歼15舰载战斗机、歼16重型战斗机、四代战机以及055万吨大型驱逐舰、052D驱逐舰等"国之重器"。近十年，辽宁主要发展炼化一体化、汽车、集成电路装备、机器人、医学影像产业。"十三五"期间，辽宁工业初步形成了以装备、石化、冶金三大支柱产业为支撑，以轻工、电子信息、建材、纺织、医药等行业为主体的工业发展格局。辽宁的重大技术装备基础雄厚，输变电装备、石化装备、能源装备、数控机床、机器人及智能装备、汽车及零部件、航空航天装备、海洋工程装备及高技术船舶、先进轨道交通装备、集成电路装备等领域在全国占有重要地位。"十四五"时期，辽宁围绕传统装备优势，加快推进产业数字赋能，提质增效，优先发展战略性装备制造产业，推进主导型装备制造产业，培育绿色能源装备和节能环保装备产业，增强核心竞争力，推动装备制造业高质量发展。打造基础零部件、基础工艺、关键基础材料等产业基础，增强产业链供应链自主可控能力，构建以数字化、网络化、智能化为核心的先进装备制造业体系。除了装备制造业外，辽宁还突出发展绿色石化产业、新材料产业、现代信息产业和医药工业等优势产业，使得制造业体系更加完善。

完备的产业体系加之资源优势，使得东北地区制造业具备自我配套、自我供给能力强这一突出优势。此外，在各大重点制造业企业中，有一批经验丰富、训练有素的产业技术工人，还分布着一大批与之配套的高等院校和科研院所，这也为东北地区完整的制造业体系运行提供了基础性保障。新发展格局构建中，稳定制造业发展、保障产业链供应链安全稳定的重要性将愈发突出。党的十九届五中全会通过的《中共中央关于制定国民经济和社会发展第十四个五年规划和二〇三五年远景目标的建议》中明确提出"保持制造业比重基本稳定"。在此背景下，东北地区制造业完整的体系优势蕴含着巨大的发展潜力，在大工业思维下，东北地区制造业将有更大的可作为空间。

二、以重化工业为主导

正如前文所分析，东北地区制造业的发展遵循的并不是一般工业化进程中"由轻到重"的规律，而是基于国家发展战略需求，由重工业起步。而且，东北地区的制造业主要形成于二次产业革命时期，虽然之后也不断进行升级，但作为重资本型产业，其调整难度远超于轻工业。在既往发展策略和产业固有特性的影响下，东北地区以装备制造业和冶金、石化等行业为主导的产业结构具有明显的刚性特征，重工业占比一直呈现较高水平。此外，受自有资源的不断消耗和中国加入世贸组织两大因素的影响，一段时间内东北地区制造业发展呈现典型的"两头在外"（原材料在外、需求市场在外）的态势，特别是东北振兴政策实施以来，随着国际市场需求的不断变化，东北地区重化工业的比重进一步提升。

以 2020 年为例，黑龙江规模以上工业企业 3583 个，全省规模以上工业增加值较上一年增长 3.3%；从重点行业来看，装备工业增长 13.5%，石化工业增长 10.5%，能源工业增长 13.5%。全省规模以上工业企业营业收入 9825.8 亿元，增长 2.7%。从 2016～2020 年重工业企业单位数与轻工业企业单位数来看，还是重工业要多于轻工业。例如，2020 年黑龙江重工业企业 2044 家，轻工业企业 1786 家，重工业企业占比 53.4%，仍然是以重化工业为主导。从行业来看，2020 年黑龙江采矿业企业 237 家，煤炭开采和洗选业企业 156 家，石油和天然气开采业企业 2 家，制造业企业 3080 家，电力、热力、燃气及水行业企业 513 家。2019 年黑龙江重工业企业工业总产值 6351.7 亿元，占工业总产值的比重为 69.1%；2020 年黑龙江重工业企业工业总产值 6268.3 亿元，占工业总产值的比重为 69%。

吉林的重工业发展曾为中华人民共和国作出巨大贡献。改革开放后，随着国家计划的调整，吉林的重工业发展速度才开始有所放缓。因此，吉林制造业增加值占生产总值的比重有所下降。1949 年，吉林的重工业产值为 2 亿元，轻工业产值为 1.8 亿元，重工业略高于轻工业。1952 年，吉林的重工业产值为 4.9 亿元，轻工业产值为 6.2 亿元。"一五"期间，吉林大力支持国家重点建设，重工业比重上升至 54%。到了"四五"期间，重工业的投资额占投资总额的 61.6%，占总的工业投资额的 91.2%。2020 年，吉林共有规模以上工业企业 3081 户，其中产值 10 亿元以上大型企业 130 户，占比为 42%，实现工业总产值 12407.8 亿元，同比增长 6.3%；实现工业增加值 2850.3 亿元，同比增长 6.9%。从 2020 年的吉林规模以上工业企业增加值来看，重工业增速 9.2%，轻工业增速 0.8%。

2010～2019 年，辽宁规模以上企业重工业总产值占比始终高于 75%（如图 4-4 所示），最近几年，这一比重进一步增加，已连续 3 年超过 85%。辽宁是国家在"一五"期间集中力量建立的以钢铁、化工、机械为主的重化工业基地，产业结构以原材料开采、粗加工为主，对资源的依赖性比较大，现在依然以重化工业为主导，传统耗能行业占比较大，全省包括石油加工、炼焦及核燃料加工业在内的六大高耗能行业增加值占比较高。以装备制造业为例，辽宁优先发展航空装备、高技术船舶及海工装备、高档数控机床、集成电路装备、能源装备五大战略型先进装备制造产业。围绕辽宁产业的传统优势，助推产业提质增效，重点发展重大成套装备、机器人及智能装备、先进轨道交通装备、节能与新能源汽车4个主导型先进装备制造产业；围绕新经济新技术新业态，超前培育健康医疗装备、氢能装备、冰雪装备3个未来型先进装备制造产业。

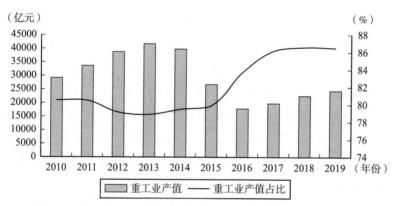

图4-4　2010~2019年辽宁规模以上企业重工业产值及其占比

资料来源：2020年《辽宁统计年鉴》。

重化工业领域的长期积累，也使得东北地区的铁路、船舶、航空航天、其他运输设备制造业以及仪器仪表、汽车制造业等行业及其产品在国内外市场均有较强的比较优势。2019年，辽宁装备制造业企业实现营业收入8392.9亿元，利润总额达到595.6亿元。2021年上半年，黑龙江机电产品出口87.2亿元，占同期全省出口总值的43.3%。正因为东北地区在重化工业领域具有这种比较竞争优势，对保障国家产业安全具有重要战略意义，所以国家明确东北振兴的一个重要目标就是将东北地区建设成为"具有国际竞争力的先进装备制造业基地和重大技术装备战略基地、国家新型原材料基地"。实践中，东北三省也都将装备制造、石化、冶金等产业作为其主导产业予以长期支持。

三、区域集中度高

传统的东北制造业很多都属于资本密集型产业和资源型产业，因此其布局要充分考虑人口、经济、交通条件、资源禀赋的影响，由于这些要素存在区域性差异，所以东北地区制造业的发展布局一直呈现区域不均衡状态。在发展的初始阶段，国家在东北布局的制造业重点项目主要集中在哈大沿线重点城市。以"一五"期间国家在东北地区布局的 56 个重点项目为例，辽宁的 24 个项目中，沈阳 7 个、抚顺 8 个；黑龙江的 22 个项目中，哈尔滨 10 个；吉林的 10 个项目中，长春 6 个。在指令性计划下，各大城市也有明确的产业分工。此后虽然经过多轮产业布局调整以及东北三省内部区域发展战略的不断演变，但这一大的产业地域空间体系并未改变。2003 年振兴东北等老工业基地战略正式实施，国家迫切需要发挥沈阳、大连、长春、哈尔滨等中心城市在推进产业优化升级中的示范引领作用，因此其享受的政策红利和获得的资源支持进一步增长。

黑龙江强调要强化产业集聚，打造世界级产业集群。建设具有国际竞争力的先进装备制造业基地、重大技术装备战略基地以及重要的技术创新与研发基地。着力打造电力装备制造业产业基地、哈尔滨燃气轮机装备制造基地、重大技术装备战略基地以及重要技术创新与研发基地、国家级重型数控机床产业基地、中国北方现代农机装备制造基地、哈尔滨机器人产业集群，形成汽车研发制造产业链，构建配套产业协调发展的航空航天产业体系并在舰船动力以及关键配套装备领域加强产业布局。

吉林的工业产业集群从最初的粗放式发展到内涵式提升阶段，产业集聚程度大幅度提高。近年来，龙头企业的带动作用逐渐显现，集群产业链得到了进一步延伸，吉林工业产业集群共 42 个，已经成为吉林工业经济的重要支撑。2020 年，全省产业集群的工业总产值 8752.15 亿元，占全省规模以上工业经济总量的 70.5%。其中，年产值 10 亿～100 亿元的集群有 21 个，占集群总数的 50%，总产值为 736.42 亿元，占吉林省工业总产值的 5.9%；100 亿～1000 亿元的产业集群有 8 个，占集群总数的 19%，总产值 1809.5 亿元，占全省工业总产值的 14.6%；1000 亿元以上的产业集群有 1 个，占集群总数的 2.4%，总产值 6162.9 亿元，占全省工业总产值的 49.7%。产业集群主要集中在汽车制造业、装备制造业、医药制造业、食品制造业、纺织业等 9 个工业门类。吉林注重企业集聚，巩固长春国家区域创新中心地位，充分发挥国家级科研院所、高校和企业的作用，积极申建国家半导体激光技术创新中心、长春应用化学国家研究中心、空间光电领域省部共建重点实验室等重大创新平台，加快推进环吉大、北湖、经开、净月等重点区域双创基地建设，打造具有全球影响力的科技创新策源地。

辽宁主要致力于打造具有国际竞争力的先进装备制造业基地。"十三五"期间，辽宁制造业集聚、集群化发展具备了一定的基础，全省计划建设铁西装备制造、大连湾临海装备制造等 46 个产业集群，包括装备制造、汽车及零部件、石化及精细化工、电子及自动化装备、金属新材料、生物医药等 31 个重点产业。"十四五"时期，辽宁进一步明晰产业集群发展方向，围绕每个集聚区的产业发展定位，重点培育竞争力较强的先进制造业集群，如绿色石化、新能源汽车、新材料等。集聚区重点改造"老字号"的汽车产业链、数控机床产业链、输变电装备产业链、燃气轮机产业链、压缩机产业链、船舶与海洋工程产业链；深度开发"原字号"烯烃产业链、芳烃产业链、精细化工产业链、高品质钢铁材料产业链、先进有色金属产业链、菱镁产业链；立足现有产业，采用新的技术手段，培育新动能，加快推进战略性新兴产业集群发展，培育世界级先进制造业集群，重点培育集群内的"新字号"产业，包括机器人产业链、航空装备产业链、集成电路产业链、生物医药产业链、先进医疗装备产业链和氢能产业链。

在"虹吸效应"作用下，周边城市的人才、资本、技术等产业资源不断向四大中心城市（沈阳、大连、长春、哈尔滨）集中，从而使得制造业区域"极化效应"进一步增强。现阶段，近 3/5 的规模以上制造业企业分布在沈阳、大连、长春、哈尔滨四市，东北地区以这四个城市为核心的产业空间集聚布局形态更加明显。但东北地区制造业的这种区域集中并非基于产业关联性基础上的现代产业集群，更多的是同类型的企业在一定地理空间内的集中，并且企业多是"大而全"的状态，缺乏应有的专业化区域分工协作，并不能带来竞争力的提高和规模效益的提升。

四、人力资源开发潜力较大

人力资源是影响制造业发展的关键要素。东北地区的人力资源存在一定的比较优势：一是东北地区的人口总量大、质量高。根据第七次全国人口普查结果显示，31 个省、自治区、直辖市的常住人口中，东北地区的人口总数为 98514948 人，接近 1 亿人，占全国的 6.98%，虽然比十年前减少了 1101 万人，但是人口的规模依然较大。东北地区人才储备丰富，拥有大专及以上文化程度的人口占总人口的 16.75%，15 岁以上人口的平均受教育年限为 10.16 年，这两个反映东北地区受教育程度的指标都是高于全国水平的。二是东北地区的智力资源存在优势。智力资源是东北地区的无形资源和有形资源组成的一种特殊的社会资源，不仅指具有科学知识、经过专业培训的个人，更多的是从事各种基础科学研究和应用科学研究的科研院所。东北地区科教资源丰富，拥有大连理工大学、东北大学、吉林大学、哈尔滨工业大学等国内一流大学以及众多科研院所，具有雄厚的企业研发实力，能够为制造业高质量发展提供强有力的人才基础。

2020 年，黑龙江常住人口数为 31850088 人，占全国人口的 2.26%。其中，具有大学（大专及以上）文化程度的人口为 4711443 人，占全省人口的 14.8%；具有高中（含中专）文化程度的人口 4944614 人，占全省人口的 15.5%；具有初中文化程度的人口 13629637 人，占全省的

42.8%。黑龙江的常住人口的受教育程度居全国前列。2020年，全省共有81所高校，正高级职称教师9380名，仅哈尔滨市的教授数量就达到6792名，在校生数量778160名。2022年出台的《黑龙江省"十四五"教育事业发展规划》提出，到2025年，基本建成制度更加全面、服务更加高效的高质量教育体系，教育总体发展水平力争达到全国中等偏上水平。以上这些都能够为黑龙江的制造业发展提供有力的人才支撑。2010年10月，黑龙江省工业技术研究院成立，其依托哈尔滨工业大学，充分发挥科技进步和科技创新在经济发展中的作用，合理配置资源，为产业升级和产业结构转型培养和输送了各类高技术人才，为企业输送了智力资源。2017年11月，黑龙江下发了《新时期产业工人队伍建设改革的实施意见》，拉开了产业工人队伍建设的帷幕，确立了"造就一支宏大的新型产业工人大军，当好主人翁、建功新龙江"的工作主线，为黑龙江产业发展打造优质的人才队伍。2019年4月，黑龙江省科学院自动化研究所更名为黑龙江省科学院智能制造研究所，从事融合科学研究、技术开发、技术咨询与服务于一体的综合性智能制造技术研究与开发。2020年，黑龙江拥有技能人才208万人，高技能人才65万人。截至2021年11月，黑龙江共有两院院士41位。这些丰富的人力资源为制造业发展提供了智力与技术支撑。

2020年吉林总人口24073453人，其中拥有大学（大专及以上）文化程度的人口为4029488人，占全省人口的16.7%；拥有高中（含中专）文化程度的人口为4111787人，占全省总人口的17.1%；拥有初中文化程度的人口为9204361人，占全省总人口的38.2%。吉林的常住人口中，15岁以上人口的平均受教育年限为10.17年，比10年前人口普查时的9.49年有所增加。吉林现有普通高校62所，其中，普通本科院校37所，普通专科院校25所，研究生培养单位21个。吉林拥有4个中科院的研究所。中科院长春分院下设长春光学精密机械与物理研究所、长春应用化学研究所、东北地理与农业生态研究所及国家天文台长春人造卫星观测站。中科院长春分院系统现有6个国家重点实验室、5个国家级中心、3个国家级野外研究站、8个中国科学院级重点研究室。

2020 年底，吉林拥有技能人才 214.4 万人，高技能人才 60.1 万人；2021 年，吉林有 24 位院士。近年来，吉林不断优化升级人才政策，相继出台"人才政策 1.0、2.0 版"，人才环境得到了极大的改善，"十三五"期间，吉林专业技术人才、高技术人才分别增长了 17.11%、24.7%。吉林探索实行"产业链＋人才"工作机制，精准招引重点产业人才，瞄准重点产业，有计划地招聘与装备制造、新能源汽车等精准匹配的人才和团队，突出制造业企业引才育才主体，支持重点企业吸引"高精尖缺"人才及团队；推进科教与产业部门人才的双向交流制度，实现人才与制造业企业发展"无缝对接"。

第七次全国人口普查结果显示，辽宁总人口 42591407 人，其中，拥有大学（指大专以上）文化程度的人口为 7758336 人，占全省总人口的 18.2%；拥有高中（含中专）文化程度的人口为 6248324 人，占全省总人口的 14.7%；拥有初中文化程度的人口为 18228529 人，占全省总人口的 42.8%。辽宁 15 岁及以上人口的平均受教育年限为 10.34 年。辽宁科教资源丰富，截至 2021 年 9 月，辽宁共有高校 114 所，其中本科院校 63 所，专科院校 51 所，包括大连理工大学、东北大学等国内材料领域一流大学，以及辽宁石油化工大学、辽宁科技大学等众多历史悠久的化工、冶金、材料领域专业高校。中科院沈阳分院作为中科院的派出机构，协助管理在辽宁的中科院大连化学物理研究所、中科院金属研究所、中科院沈阳应用生态研究所、中科院沈阳自动化研究所、中科院沈阳计算技术研究所、中科院沈阳科学仪器股份有限公司和在山东青岛的中科院海洋研究所、中科院青岛生物能源与过程研究所、中科院烟台海岸带研究所。其中，中科院金属研究所和中科院大连化学物理研究所是中科院实力很强的研究机构，在材料领域世界一流，研究所人才济济，为辽宁制造业发展提供了强有力的人才保障。辽宁企业研发实力雄厚，鞍钢的研发体系完整、研发人员技术过硬，海工用钢国家重点实验室、汽车及家电用钢研究所、钒钛研究院等也有一批研究团队，技术人才辈出。2021 年，辽宁拥有 9 个国家级企业技术中心，6 个国家级重点实验室，44 个省级重点实验室，5 个产业联盟和 66 个技术创新与产业化公共服务平台，还有沈阳材料科学国家研究中心、辽宁实验室、大连光源等基础研究平台和大科学装置，这些都为制造业发展提供了强有力的智力支撑。截至 2021 年 3 月，辽宁拥有专业技术人才近 350 万人，高技能人才 115 万人，两院院士 57 人。

由此可见，东北三省拥有非常丰富的人力资源。尽管东北地区存在着人才外流、"孔雀东南飞"的现象，但是黑龙江、吉林、辽宁三省着力打造良好的就业创业环境，优化留人引人政策环境，为制造业发展"招兵买马"，大力加强人才队伍建设，突出引进和留住毕业生和青年人才，实施一系列拴心留人政策，留住、吸引并用好科技创新领军人才、产业技术人才、工匠人才、管理人才等核心骨干人才，提高人才待遇，做好人文关怀、情感沟通、配偶就业、子女入学、医疗服务、居住条件等方面的工作，既做到了"引"，又做到了"育"，分别实施"头雁"行动、"长白山人才工程"、"兴辽英才"等政策，激发人才干事创业热情，力争让更多的成果在东北三省转化。

第三节　现阶段东北地区制造业存在的主要问题及原因

"工业的再辉煌"是东北振兴的核心所在。东北振兴战略实施以来，东北地区制造业调整改造虽取得了一定成效，但由于受"三期"叠加冲击，经济增长持续低速徘徊，以大规模要素投入作为支撑的发展模式并未得到根本改变。与此同时，经过近 20 年的消耗，东北地区的劳动力、土地、资源等传统要素的比较优势大幅衰减，劳动力供需矛盾、技术投入不足、资本投入冗余等要素配置问题愈加突出，传统发展模式难以为继。加之经济新常态的出现及外部需求市场的变化，东北地区制造业固有的结构性缺陷及其关联性问题更进一步凸显，明显抑制了东北地区制造业的发展。

一、总体规模

作为老工业基地，以制造业为核心的东北工业曾经占全国半壁江山。但受体制机制和产业产品结构两大根本因素的影响，东北地区制造业的相对规模在逐步萎缩，现阶段，东北地区制造业的存量资源和产出规模均处于较低水平。2019 年，东北地区制造业总资产 54028.06 亿元，占全国制造业总资产的比重为 5.9%，只有广东、江苏等制造业大省总资产的 50% 左右。相对于存量资源、产出萎缩和工业增加值下降等问题而言，当前更为严重的是东北地区制造业的投资出现绝对量的减少。2019 年，东北地区制造业的投资呈现全面下滑的态势，黑龙江制造业投资的增长率为 - 0.9%，辽宁制造业投资的增长率为 - 7.3%，吉林制造业投资更是大幅下滑，增长率为 - 38.3%，已连续两年负增长，[①] 而2019 年全国制造业投资平均增长率为 3.1%。"今天的投资就是明天的资产与产出"，投资的下滑使得东北地区制造业的相对规模进一步下降。不仅如此，东北地区企业的投资效率也相对较低。出现这些问题有多方面的原因，但如果从东北地区制造业自身来看，总结如下。

第一，产业结构不合理，制造业转型升级进展缓慢。早期东北地区资源丰富，因此初级原材料等基础性产业得以快速发展，地区经济增长也呈现较为良性的态势。现实中，东北地区经济结构存在不合理的问题。由于长期以来一直以发展重工业为主要目标，东北地区的制造业发展过度依赖资源投入，在资源逐渐减少的客观条件下，制造业的可持续发展受到严重影响。东北三省的企业中，国有企业占比相对较高，政府与市场的关系还需进一步完善。在资源配置方面，一些政府部门的"官本位"思想严重，市场机制难以充分发挥作用。虽然最近几年国有企业改革取得一定进展，但并未取得根本性成效。一大批"老字号""原字号"国有企业体制机制僵化、市场灵活性不足，仍处于在政府的扶持下

---

① 2018 年吉林制造业投资增长率为 - 3.8%。

保守运营的状态。东北地区制造业虽然占据科研基地、创新基地优势，拥有一批高端装备制造业企业，但受限于大体量的传统劳动密集型产业存量和有限的智能制造水平，加之缺少制造业升级所需专业化人才和核心技术，导致传统制造业转型进程较为缓慢，其产业产品结构与经济新常态下的需求不相适应。虽然投入的增加可以在一定时间内实现产业规模的增长，但传统制造业的边际投入递减效应明显，不具备可持续性。

第二，电子信息、智能制造等先进制造业虽然发展速度较快，但产业规模较小。近年来，国内很多地区高度重视并大力发展智能制造，并将其作为推动产业升级、实现制造业高质量发展的重大战略。相比制造业先进地区，东北地区信息化与工业化"两化融合度"较低，以智能制造为代表的先进制造业对产业转型发展的整体带动效应还不突出，其发展在短期内仍不足以弥补传统制造业的衰减空间。2021年，辽宁在推动产业化赋能、加快智能工厂、数字化车间建设等方面开始取得新进展，当年，上云企业近9万家，数字基建、新基建力度加大，新建5G基站2.5万座，"星火·链网"超级节点落地沈阳，16个工业互联网标识解析二级节点上线运行，在东北三省表现抢眼。

二、创新发展

长期以来，东北地区制造业多依赖土地、劳动力、资本等传统要素的大量投入维持大规模的生产经营活动从而获得规模效益，其依托传统资源的低成本优势在市场上谋求竞争优势。制造业的劳动生产率和产品附加值都较低，整体呈现出以量的扩张为主的粗放型发展。在制造业的传统比较优势随着国内人口红利衰减和要素成本上升不断弱化的情况下，以高投入、高消耗为主要表现形式的传统发展模式举步维艰。而且，根据产业发展的客观规律，重视"大"而忽视"强"、重视"量"而忽视"质"的发展方式很难实现制造业的高质量发展和竞争力的提升。当前，东北地区制造业仍普遍缺少研创、设计零部件，制定参数标准，进行检验检测的能力，两大关键步骤很多时候都需直接购买元器件，产业"卡脖子"等问题仍旧突出。在生产过程中，一些关键的技术和重要的机器依然依靠从国外购买，关键基础零部件仍需要"低出高进"，如沈阳、长春、哈尔滨等地的大型企业生产所需的特种传感器、高端工业机器人几乎全部依赖进口。由此导致东北地区高技术产品进口长期处于高位，甚至组织生产的技术人才也需要聘请"外援"。关键零部件、核心技术大量进口不但会大幅提高成本，使得本就很低的制造业利润被外部侵蚀，更为重要的是面对后疫情时代外部环境的新变化，"断供"等风险有可能进一步增大，因此会严重影响东北地区制造业的自主发展，而且东北地区是"大国重器"的重要集聚地，其对国家产业安全也会造成巨大的威胁，这也是国家一再强调东北地区要维护国家"五大安全"的主要原因。导致东北地区制造业创新能力不足主要有以下三个方面的原因。

第一，对创新的重要性认识不足，存在"小富即安"的思想。东北地区的很多企业和企业家依附性和服从性较强，独立自主意识、改革意识及市场经济意识淡薄，创新意识明显不足。加之制造业领域的创新投入与产出之间的周期较长、风险较大，其在主观上不愿意在创新方面进行资源投入。2019 年，辽宁规模以上工业企业研发经费支出占营业收入比重仅为 0.98%，低于全国平均水平 0.32 个百分点。2018 年，吉林规模以上高技术制造企业 R&D 经费支出不足 10 亿元，占规模以上制造业的比重只有 16.9%，R&D 经费占营业收入的 1.47%。

第二，传统制造业利润空间小，客观上不具备创新投入能力。一方面，最近几年，随着新兴经济体在国际市场上的快速崛起，中国制造业正在面对多重竞争和挤压，加之国内市场上突出的供需结构性矛盾，导致东北地区制造业产品销售困难，主营业务收入增长缓慢；另一方面，虽然东北地区以优化营商环境建设为主要抓手，大幅降低企业的制度性成本和关联性成本，但受到诸多因素的影响，东北地区制造业企业的要素成本仍在显著上升，低成本优势越来越弱。以辽宁为例，规模以上工业企业每百元营业收入中的成本为 83.95 元。国际货币基金组织（IMF）研究报告显示，辽宁制造业劳动力成本虽然低于上海、浙江、江苏、广东等发达省份，但显著高于中西部省份，甚至比山东还高。另外，东北地区制造业对于电、气等要素价格比较敏感，相对于云南、青海等西部省份而言，东北的要素价格处于较高水平。在营业收入增长承压和成本上升的双重作用下，东北地区制造业的利润率处于较低水平甚至是亏损状态。2019 年，辽宁制造业平均利润率为 4.4%，吉林制造业平均利润率为 3.4%，黑龙江制造业平均利润率只有 2.9%，其中国有控股的制造业企业平均利润率为 - 0.5%。很多产业及企业并不具备持续进行创新投入的能力。

第三，整体性创新投入不足。制造业的关联性很强，所以其创新能力的提升需要稳定的社会整体性创新投入作为支撑。受制于经济下行、财政收入减少等诸多因素的影响，东北地区全社会 R&D 经费增长速度极其缓慢。以辽宁为例，2020 年，辽宁一般公共预算支出中用于科学技术的支出占比仅为 1.28%，低于全国平均水平 1.63 个百分点。横向来看，无论是总的投入规模还是投入强度，东北地区与其他先进地区相比都有较大差距。"十三五"期间东北地区 R&D 经费投入总额仅增加了 219.2 亿元，年平均增长率只有 5.8%，其中，吉林、黑龙江两省的投入额增长均不足 20 亿元。由《2020 年全国科技经费投入统计公报》可知，2020 年东北三省 R&D 经费投入总额也只有 881.7 亿元，其中，辽宁 549 亿元、吉林 159.5 亿元、黑龙江 173.2 亿元，三省的投入总量只相当于安徽一个省的投入规模，不到广东、江苏的 1/3，[1] 而且东北三省的投入强度都低于全国平均水平。[2] 此外，东北地区资本市场发展滞后，风险投资渠道不畅通，产业链和资金链的双向贯通尚未形成，致使整体区域资金运转速度迟缓，不能对制造业的研发投入给予足够的资金支持，严重影响制造业创新能力的提升。

---

[1] 2020 年，广东 R&D 经费投入总量为 3479.9 亿元，江苏 R&D 经费投入总量为 3005.9 亿元。

[2] 2020 年 R&D 经费投入强度：全国平均为 2.40%，辽宁为 2.19%，吉林为 1.3%，黑龙江为 1.26%。

三、先进制造业发展

以高技术制造业为代表的先进制造业是制造业升级发展的主要方向。总体来看，东北地区制造业仍以传统制造业为主，"原字号"与"老字号"在制造业中所占比重仍然较高，由此导致制造业整体效率、效益不高，大部分工业行业资金利税率低于全国平均水平。电子及通信设备制造，航空、航天器及设备制造，计算机及办公设备制造，医疗仪器设备及仪器仪表制造等高技术制造业产业规模较小，虽有若干"亮点"企业，但存在"有企业没产业"的突出问题。在工信部公布的两批 25 个先进制造业集群中，东北地区无一上榜。2020 年，赛迪研究院公布的"中国先进制造业城市发展指数"显示，沈阳、哈尔滨、长春、大连 4 个副省级城市虽能进入全国前 50 名，但排名明显靠后，且有进一步下滑的趋势，如表 4 - 2 所示。由于自身发展不充分，使得先进制造业的导向作用受限，辽宁、吉林、黑龙江三省的整体产业布局并未得到真正改变。

表 4 - 2　　　　　2018～2020 年先进制造业城市发展

指数前 50 中东北四市排名

城市	2018 年	2019 年	2020 年
沈阳	30	33	38
哈尔滨	37	31	43
长春	41	44	45
大连	49	45	49

资料来源：赛迪研究院"中国先进制造业发展指数"，2020 年。

导致东北地区先进制造业发展不充分主要有以下三个方面的原因。

第一，对于先进制造业的重视程度不够。虽然最近几年东北地区对电子信息、智能制造等先进制造业投资力度较大，投资同比增速也较快，但从投资的绝对量来看，与国内其他地区相比仍显著落后，由此也导致东北地区先进制造业产业规模小，战略性新兴产业数量少。中国社会科学院相关研究数据显示，东北地区战略性新兴产业增加值占全国的比重仅有6%，在全国处于较为靠后的位次。

第二，先进制造业与传统制造业的发展融合不足。总体来看，东北先进制造业的培育与传统制造业发展两者处于分割状态，彼此间经济联系不紧密，加之政府仍高度重视传统制造业的发展，加大了传统制造业与新兴制造业耦合的难度，使得很多制造业基础优势不能得到有效发挥。另外，东北地区的产业结构相对单一，对大型组织的嵌入程度、依赖程度高，使得整个产业发展锁定在这一结构上，形成"内卷化效应"。且东北地区"官本位"思想严重，营商环境长期处于封闭僵化的思想氛围中，政府对传统制造业的发展重视程度高，对新兴产业的支持力度不够、投入不足，加之社会融资难度大，造成先进制造业发展缓慢、举步维艰的困境。

第三，产学研结合不紧密，先进制造业发展缺乏内在支撑力。先进制造业发展必须以科技创新为基础支撑，尽管东北地区拥有深厚的存量创新资源，但高校科研机构和企业之间、研发与产业化应用之间存在"两张皮"现象，且因体制机制原因，仍有大量有支撑价值的成果外溢。虽然东北地区有丰富的科教资源，但企业与高校、研究机构等创新主体之间不能形成优势互补的良性纽带，造成了理论研究与实践转化应用脱节的问题。单一化的合作渠道、不完善的管理机制和僵化的思想观念等问题阻碍了东北地区制造业产学研协同发展进程。近年来，国家大力倡导制造业创新中心建设，旨在将多种渠道和方式的科研、技术、资源力量集中，依托地方产业资源，构建多主体协作的"产学研"平台，通过平台内畅通无阻的信息沟通和产业融合，创新制造生态系统，助力技术攻关，实现制造业能力的提升。截至2020年，在中国已建成的制造业创新中心中，东部地区有9个，中部地区有6个，东北地区仅有1个，如表4-3所示。相较于东、中部地区国家级制造业创新中心的快速发展，东北地区产学研发展程度明显滞后。这也充分表明，东北地区尚未形成制造业产学研协同发展的局面，产学研协同效率较低，创新力度不足。

表4-3   2020年中国16家国家制造业创新中心数量情况

分布地区	地点	国家级创新中心数量（个）
东部地区	北京、上海、广东、江苏	9
中部地区	陕西、湖北、湖南、河南、江西	6
东北地区	辽宁	1

资料来源：中国电子信息产业发展研究院《2019～2020年制造业创新中心白皮书》。

第四，与先进制造业发展相配套的生产性现代服务业发展滞后。从外部条件来看，东北地区对先进制造业发展具有推动作用的研发设计、知识产权、创业孵化、科技金融等行业层次偏低，高端服务环节对外依存度较高，为制造业企业提供高端、专业服务的能力明显不足。此外，生产性服务业与制造业的关联融合还处于较低水平，现代物流、现代金融、商务服务等现代服务业对推动先进制造业的支撑作用未能有效发挥。

四、企业主体力量

企业是市场的主体，制造业竞争力的强弱最终取决于是否有若干"顶天立地"的旗舰企业和一大批"铺天盖地"的中小规模"专特精"企业。东北地区绝大多数制造业企业从事的是加工和组装的工作，产品多为初中级等低附加值产品，产业链条相对较短，而且存在着精深加工滞后的问题。东北地区制造业缺乏上下游产业链的联系和衔接，集聚效应发挥不足，产业发展环节的衔接也不够紧密，虽然企业数量众多，但存在诸多"先天不足"。

一是国有大型企业基础创新能力不强，生产要素利用不充分。东北地区规模以上制造业企业中有研发活动的企业占比不足20%，很多规模以上企业处于无研发机构、无研发投入、无核心技术和产品的"三无"状态。2019 年，东北地区规模以上工业企业 R&D 人员数占全国的 1/4，但 R&D 经费投入仅占全国的 3.2%，专利申请数为全国申请总数的 2.3%，有效发明专利数占全国的比重为 2.8%（如表 4-4 所示），充分体现出东北地区研发经费投入不足、研发产出量少的窘境。

表 4-4　　2019 年东北地区规模以上工业企业研发活动与专利情况

地区	R&D 人员全时当量（万人年）	R&D 经费（亿元）	专利申请数（万件）	有效发明专利数（万件）
全国	31.5	13971.1	105.9	121.8
辽宁	5.2	310.2	1.4	2.3
吉林	1.2	68.4	0.6	0.5
黑龙江	1.5	71.5	0.4	0.6

资料来源：2020 年《中国统计年鉴》。

　　二是制造业产品盈利能力不足。总体来看，制造业产品虽有一定的规模，但缺乏品牌和市场竞争力，盈利能力不足。以吉林为例，2019 年吉林规模以上制造业企业中亏损企业多达 560 家，亏损率 21.5%。由此导致有一定规模的制造业企业在市场竞争中不断消减。统计数据显示，东北地区拥有的规模以上制造业企业数量呈现逐年减少的趋势，2015～2019 年减少了 7607 家，减少了 38.5%。其中，辽宁减少 4392 家，减少比例为 39.6%；吉林减少 2444 家，减少比例为 48.4%；黑龙江减少 771 家，减少比例为 21.4%，东北三省规模以上制造业企业数量减少幅度为 20%～48%，如表 4-5 所示。

表 4-5　　2015～2019 年东北三省规模以上制造业企业数量　　单位：个

地区	2015 年	2016 年	2017 年	2018 年	2019 年
辽宁	11079	7271	5886	5880	6687

地区	2015 年	2016 年	2017 年	2018 年	2019 年
吉林	5053	5379	5346	5337	2609
黑龙江	3609	3401	3107	2624	2838
合计	19741	16051	14339	13841	12134

资料来源：2016~2020 年《辽宁统计年鉴》《吉林统计年鉴》《黑龙江统计年鉴》。

三是中小企业规模偏小，企业层次不高，市场影响力不强。全国工商联公布的 2020 年中国制造业民营企业 500 强中，东北地区只有 10 家，其中，辽宁 7 家，吉林 2 家，黑龙江 1 家。造成企业主体力量不足的原因主要有以下两个。

第一，东北的制造业企业多属于资本密集型，龙头企业以国有为主。这些国有企业多孕育并成长于计划体制内，自身具有很强的发展路径依赖性，灵活的生存和经营能力较差。企业普遍缺乏自主创新意识和能力，技术配套体系不完善，一系列发展惰性问题显著制约其做强做大。但不能忽略的是，东北地区制造业国企改革的效果不突出也有一部分历史原因。自"一五"计划以来，按照国家工业化布局，东北地区逐渐形成了以原材料、能源、机械装备为主体的工业体系，并承担生产中间产品的计划任务。然而，以市场配置价格购入原材料、设备和以指令性计划调拨中间产品的"双轨制"造成了企业实质性的不等价交换，东北地区出现大量差价亏损，导致制造业企业更新改造和扩大再生产因低效率的要素配置受到抑制。在这样的资源优势和价格劣势中，东北的国企为其他地区的改革试点做了许多保驾护航的工作，在全国的国企改革中承担了大量改革成本，也因此错过了一些历史机遇。然而，所有制属性与市场竞争力强弱并不是简单的等同关系。上海、江苏、广东等省份的国有资产占比也较高，但这些地区的国有制造业企业力量却非常强，本质原因在于这些地区的国有企业能够与市场紧密结合，在引进战略投资者进行混合所有制改革，由管资产到管资本运营、管理体制改革，实行大企业（集团）运作等方面的改革速度快，政策实施到位，从而使得区域内制造业的生产效率和企业的市场竞争力能在市场的决定性作用下得到根本性提升。

第二，中小企业虽然资产使用灵活，但在"重资产"运营方面显得难以作为，而且由于"依附性"色彩浓厚，往往缺乏创新意识和长远战略。中小企业想要在激烈的市场竞争中立足就需不断逐利，固有特性的存在加之企业家精神的缺乏，所以很多企业就会利用资产灵活的特点转向更赚钱的产品或产业，偏离主业，累积性不足导致企业不能进一步做大做强。且地方政府偏好于对国有大企业进行支持，中小企业所获得的资源支持相对较少。此外，无论是国有企业主体还是中小企业主体，制造业企业自身力量的强弱也与整个东北地区营商环境密切相关。一段时间内，"投资不过山海关"成为东北营商环境的专有信息传播符号，致使外部投资不愿意进入东北特别是投资东北的实体经济，缺少有效投资在一定程度上也影响和制约了东北地区制造业企业的发展。

第四节　本章小结

本章对制造业竞争力现状进行分析，从发展历程、主要特征、存在的主要问题及原因三个方面对东北地区制造业进行了总体性分析。东北地区制造业发展起步较早，本章先对近代东北地区工业进行溯源，然后将东北地区制造业发展分为 1949～1978 年、1978～2003 年和 2003～2013 年、2013 年至今这四个阶段进行介绍。第一阶段（1949～1978年）构建起了东北地区制造业的体系基础，但也使得东北地区制造业发展形成较强的产业、体制机制"路径依赖"。伴随着区域性竞争，东北地区制造业发展在外部环境与自身因素的双重作用下逐渐衰退。之后随着振兴东北等老工业基地战略的实施，东北地区制造业开始缓慢恢复，但 2014 年以后，经济又出现增长困局，并引起各方面的高度重视。当前，在遵循东北地区制造业特性的基础上强化赋能是新一轮东北地区制造业高质量发展的主线。从现实层面看，东北地区制造业具有体系完整、以重化工业为主导、区域集中度高、人力资源开发潜力较大等突出优势和特征，但也在总体规模、创新能力、创新发展、企业主体力量这些方面存在着一定问题。要想在新发展格局下提升东北地区制造业的竞争力，需要把握好东北制造业的特征，注重发挥其自身优势，并从内在和外部两个层面，从根源性制约因素着手解决东北地区制造业发展中存在的突出问题。

第五章

东北地区制造业竞争力的测度与评价

第一节　制造业竞争力的测度

一、指标说明

本书从六个方面衡量中国各省份的制造业竞争力，通过选取可量化的指标进行制造业竞争力综合指数的计算，从而对各省份制造业竞争力的整体情况有一个直观的认识。为了客观地反映中国各地区制造业竞争力的实际水平和变化趋势，作者最终选取 2010～2019 年的面板数据作为本书的研究对象，样本的时间跨度为 10 年。由于一些数据出现严重缺失，样本中剔除了西藏地区的相关数据，所以计算过程中涉及的是衡量中国 30 个省份的制造业竞争力水平的指标数据。在数据来源方面，文中大部分原始数据来自 Wind 数据库的宏观经济数据和行业数据，部分数据由作者根据历年的《中国工业统计年鉴》、政府官方网站、制造业发展的相关文件整理所得。

在完成评价体系的构建、指标选取和数据收集等工作之后，本书建立了涵盖所有评价制造业竞争力的指标数据集合，并根据测算过程的实际需要对指标数据进行了预处理，保证了各项指标数据的完整性、连续性、可比性。因为制造业竞争力的面板数据所包含的数据量巨大，所以在数据处理过程中可能会出现数据提取错误、输入错误、计算失误等情况，导致个别数据出现异常，对测算结果产生负面影响。为了保证样本数据的准确性，本书对所有原始数据进行了反复检验，针对样本数据的异常值做了认真检测和相应处理。举例来说，本书利用计算最大值和最小值的方法，对样本数据中可能出现的异常值进行了筛选，一旦发现某个数据相比同组数据数值过大或者过小，则立刻进行检查，找到数据异常原因，分析是否在数据处理过程中出现了失误，在第一时间解决问题。另外，针对数据缺失问题，本书采取相应办法进行了填补工作。具体地，如果某一年度出现数据缺失问题，则通过计算该数据的前一年份和后一年份数据的平均值进行填补。对于两年或两年以上的数据缺失问题，本书则首先计算出该数据的前三年或后三年的平均增长速度，再根据相邻年份的数据，计算出缺失年份数据的大体数值，试图保持数据样本的完整性，为后续计算制造业竞争力做好准备工作。

二、测算结果

本书采用 2019 年中国 30 个省份的相关数据，对制造业竞争力评价体系中各项指标的权重进行了测算，具体如表 5 - 1 所示。整体而言，规模竞争力维度的权重最高，成本竞争力维度的权重最低。如果将六个维度的权重进行横向比较可以发现，规模竞争力、技术创新竞争力、市场竞争力这三个维度的权重值高于平均水平，说明它们对于制造业竞争力的影响程度较大。相对而言，经营竞争力、生态环境竞争力、成本竞争力的权重较低，说明这三个维度对制造业竞争力的贡献率偏低。造成各个维度权重差距的原因有很多，在经济发展的不同阶段，产业发展的重点也会随之改变。目前，中国经济正处于高质量发展阶段，制造业在从中低端到高端转变的过程中，整体规模的扩张、自主创新能力的提升、市场竞争力的提高对提升制造业竞争力具有更加显著的作用。

表 5 – 1　　　　　　　　制造业竞争力评价指标的权重赋值

一级指标权重	三级指标权重	一级指标权重	三级指标权重
规模竞争力 （0.2941）	X1（0.0781）	市场竞争力 （0.1854）	X6（0.0690）
	X2（0.0517）		X7（0.0347）
	X3（0.0760）		X8（0.0154）
	X4（0.0344）		X9（0.0552）
	X5（0.0540）		X10（0.0112）
经营竞争力 （0.1330）	X11（0.0595）	成本竞争力 （0.0406）	X16（0.0053）
	X12（0.0511）		X17（0.0098）
	X13（0.0045）		X18（0.0113）
	X14（0.0129）		X19（0.0058）
	X15（0.0049）		X20（0.0084）
技术创新竞争力 （0.2628）	X21（0.0050）	生态环境竞争力 （0.0841）	X26（0.0120）
	X22（0.0602）		X27（0.0155）
	X23（0.0735）		X28（0.0131）
	X24（0.0609）		X29（0.0106）
	X25（0.0632）		X30（0.0328）

资料来源：作者根据 Wind 数据库和《中国工业统计年鉴》相关资料计算和整理所得。

　　发达国家的实践经验表明，制造业涉及的行业十分广泛，其提供的产品对国民经济起到了支柱作用，制造业的高质量发展对促进经济社会健康发展有重要影响。了解中国各地区制造业竞争力综合指数的变化情况，对于分析制造业发展的相关问题十分必要。利用熵值法，本书最终测算出了制造业竞争力指标评价体系中各项指标的具体权重，考虑到不同地区之间测算结果应该具备可比性，最终本书选取了 2019 年各项指标的权重值作为基准，采用集中求和的计算方式，测算出了各地区的制造业竞争力综合评估值。综合评估值可以用来衡量中国各省份制造业竞争力水平的高低，综合指数的数值越大，表明该地区制造业竞争力越强，反之则相反。通过计算得到 2010 ~ 2019 年中国 30 个省份的制造业竞争力综合指数,具体结果如表5-2所示。

表5-2 2010~2019年中国各省份制造业竞争力综合指数

省份	2010年	2011年	2012年	2013年	2014年	2015年	2016年	2017年	2018年	2019年
北京	6.80	3.26	3.17	2.99	2.99	2.85	2.76	2.75	2.81	2.94
天津	3.02	3.01	3.03	2.95	2.87	2.91	2.94	3.08	3.32	3.37
河北	3.36	3.70	3.64	3.57	3.59	3.47	3.48	3.52	3.41	3.29
山西	1.63	1.61	1.47	1.37	1.26	1.13	1.52	1.61	1.42	1.48
内蒙古	1.42	1.65	1.68	1.71	1.63	1.58	1.53	1.57	1.39	1.47
辽宁	4.14	4.76	4.58	4.48	3.98	3.16	2.52	2.19	2.39	2.48
吉林	1.83	2.27	2.25	2.29	2.32	2.21	2.21	2.21	2.11	1.86
黑龙江	1.68	1.50	1.49	1.46	1.40	1.29	1.17	1.26	1.22	1.19
上海	5.93	5.37	5.03	4.63	4.62	4.59	4.48	4.37	4.41	4.49
江苏	11.02	11.31	11.06	11.11	11.24	11.39	11.39	11.06	10.70	10.08
浙江	7.30	7.31	7.08	6.73	6.60	6.53	6.44	6.36	6.51	6.83
安徽	2.97	2.92	3.04	3.07	3.13	3.21	3.26	3.31	3.38	3.31
福建	3.46	3.60	3.56	3.38	3.42	3.50	3.54	3.54	3.78	3.99
江西	2.13	2.05	2.21	2.29	2.44	2.53	2.66	2.76	2.81	2.92
山东	8.78	9.44	9.49	9.39	9.50	9.63	9.48	9.40	8.56	7.53
河南	3.67	4.24	4.58	4.79	5.09	5.36	5.55	5.61	5.23	4.84
湖北	3.08	3.41	3.58	3.76	3.76	3.79	3.78	3.49	3.70	3.69
湖南	2.90	3.10	3.10	3.08	2.91	3.04	3.08	3.23	3.26	3.38
广东	9.93	9.80	9.78	10.37	10.41	10.65	10.86	10.83	11.46	12.20
广西	1.63	1.88	1.87	1.88	1.88	2.02	2.02	2.04	1.96	1.87
海南	0.99	0.77	0.76	0.78	0.80	0.87	0.80	0.74	0.85	0.92
重庆	1.64	1.74	1.91	2.07	2.28	2.39	2.42	2.47	2.44	2.47
四川	2.93	3.37	3.43	3.53	3.41	3.30	3.34	3.46	3.57	3.73
贵州	0.91	1.05	1.13	1.12	1.19	1.34	1.34	1.42	1.46	1.46
云南	1.36	1.37	1.38	1.40	1.36	1.34	1.27	1.45	1.47	1.57

省份	2010 年	2011 年	2012 年	2013 年	2014 年	2015 年	2016 年	2017 年	2018 年	2019 年
陕西	2.18	1.87	1.80	1.80	1.88	1.96	2.05	2.23	2.38	2.49
甘肃	0.95	1.22	1.23	1.21	1.18	1.07	1.24	1.09	1.07	1.03
青海	0.66	0.77	0.74	0.72	0.74	0.77	0.76	0.72	0.71	0.76
宁夏	0.69	0.78	0.72	0.81	0.80	0.85	0.85	0.85	0.91	1.00
新疆	1.02	1.15	1.24	1.25	1.30	1.26	1.26	1.40	1.33	1.36

资料来源：作者根据 Wind 数据库和《中国工业统计年鉴》相关资料计算和整理所得。

结果表明，同一地区在考察期间的制造业竞争力综合指数呈现出不断变化的趋势。大部分地区的制造业竞争力随着时间推移而不断调整，在 2010～2019 年并没有表现出明显的上升或者下降趋势。虽然制造业竞争力综合指数处于不断波动的趋势中，但广东、江苏、浙江、山东、上海、河南一直保持着较高的制造业竞争力水平。相比之下，海南、青海、宁夏的制造业竞争力综合指数偏低，处于全国落后地位。造成某一地区制造业竞争力水平上下波动的原因有很多，其中的影响机制也比较复杂。产业结构调整、区域发展政策、经济发展水平、资源环境等变化都可能对某一地区的制造业竞争力产生影响，想要保持制造业竞争力的平稳提升需要很多因素相互配合。

同一年份不同地区之间的制造业竞争力综合指数差距较大。以 2019 年为例，图 5-1 描绘了 2019 年中国各省份制造业竞争力综合指数，从柱形图走势可以看出，不同地区的制造业竞争力综合指数差距明显。其中，广东和江苏的制造业竞争力综合指数分别为 12.20 和 10.08，依次排在全国第一和第二的位置。相比之下，青海和海南的制造业竞争力综合指数最低，仅为 0.76 和 0.92。广东和江苏的制造业竞争力综合指数遥遥领先，这与两个省份的经济发展水平高于其他省份的现实情况相符。广东和江苏一直是中国制造业强省，国家统计局数据显示，2019 年广东规模以上工业企业利润总额位居全国第一，江苏紧随其后。对于青海和海南而言，由于制造业并不是这两个省份的主导产业，其制造业竞争力指数低也比较符合现实情况。虽然西部大开发战略的深入实施促进了青海基础设施、配套设施、环境卫生状况逐渐优化，但是其制造业发展的基础薄弱是一个不争的事实。近年来，文旅产业逐渐成为青海经济发展的战略支柱产业。海南的三大主导产业是旅游业、高新技术产业、现代服务业，2020年其第二产业增加值占全省 GDP 的 19.1%，制造业发展相对滞后。根据区域经济学理论，各地区均应以规模大、竞争力强的主导产业发挥比较优势，带动区域经济发展。从这个角度而言，主导产业不同是造成省际制造业竞争力存在巨大差距的重要原因之一。

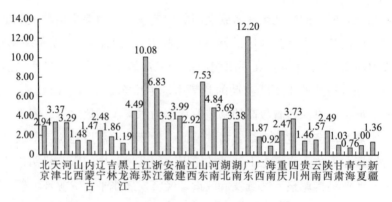

图 5-1　2019 年中国各省份制造业竞争力综合指数

资料来源：作者根据 Wind 数据库和《中国工业统计年鉴》相关资料计算和整理所得。

第二节　东北地区制造业竞争力的比较分析

一、东北三省与发达省份的比较

（一）东北三省制造业竞争力的综合排名下滑明显

为更加直观地观察中国各省份制造业竞争力综合指数的变化情

况，本书分别对 2010 年和 2019 年的综合指数进行排名，对比各省份制造业竞争力的位次变动，具体如表 5 - 3 所示，其中，排名变化中"＋"号表示排名上升，"－"号表示排名下滑，"0"表示排名不变。在全国范围内，四川、湖南、贵州等 14 个省份的制造业竞争力综合指数排名有所上升；山西、内蒙古、浙江等 9 个省份排名维持不变；辽宁、北京、黑龙江等 7 个省份排名下滑。考察期间，四川的制造业竞争力上升趋势比较明显，从 2010 年的第 14 名提高至 2019 年的第 8 名，排名上升了 6 位，这与其近年来实施的调整工业投资结构、打造先进制造业集群、培育优质制造业企业等一系列促进制造业质量变革的措施有关。

表 5 - 3　　　　中国各省份制造业竞争力综合指数排名变化

省份	2010 年排名	2019 年排名	排名变化
北京	5	14	－9
天津	12	11	＋1
河北	10	13	－3
山西	22	22	0
内蒙古	23	23	0
辽宁	7	17	－10
吉林	18	20	－2
黑龙江	19	26	－7
上海	6	6	0
江苏	1	2	－1
浙江	4	4	0
安徽	13	12	＋1
福建	9	7	＋2
江西	17	15	＋2

续表

省份	2010 年排名	2019 年排名	排名变化
山东	3	3	0
河南	8	5	+3
湖北	11	9	+2
湖南	15	10	+5
广东	2	1	+1
广西	21	19	+2
海南	26	29	−3
重庆	20	18	+2
四川	14	8	+6
贵州	28	24	+4
云南	24	21	+3
陕西	16	16	0
甘肃	27	27	0
青海	30	30	0
宁夏	29	28	+1
新疆	25	25	0

资料来源：作者根据 Wind 数据库和《中国工业统计年鉴》相关资料计算和整理所得。

东北地区三个省份的制造业竞争力综合指数排名整体下滑。辽宁从 2010 年的全国第 7 位下滑至 2019 年的全国第 17 位，排名下降 10 位；黑龙江从 2010 年的全国第 19 位下滑至 2019 年的第 26 位，排名下降 7 位；吉林从 2010 年的全国第 18 位下滑至 2019 年的第 20 位，排名下降 2 位。其中，辽宁的制造业竞争力排名下滑幅度是全国 30 个省份中最大的，黑龙江的制造业竞争力水平是东北三省中最低的，吉林的制造业竞争力一直处于全国偏低水平，其排名变动不大。不难看出，考察期间东北三省的制造业竞争力全面下滑。

东北地区曾是拥有辉煌历史的工业基地，但改革开放后沿海周边省份凭借着其优越的地理环境，以及区位优势迅速地开始快速发展起来，而东北老工业基地并没有跟上时代前进的步伐，经济发展动力不足，制造业发展逐渐落后。2010 年之后东北地区经济增长缓慢，甚至一度出现经济负增长，受产业结构失衡、资源过度消耗、人力资本水平不高等多重因素影响，制造业发展长期徘徊不前。一方面，传统制造业萎缩，工业增加值在全国占比明显下滑；另一方面，新产业新动能发展缓慢，技术和资金的缺乏使得东北地区尚未形成高端装备制造业、高技术产业等新兴产业的产业集群。在东北振兴系列政策支持下，制造业发展状况得到了改善，但是制约制造业发展的核心问题没有得到真正解决。

（二）东北三省与发达省份的制造业竞争力差距较大

为分析东北地区三个省份的制造业竞争力水平与全国平均水平的差距，本书对 30 个省份 2019 年的制造业竞争力综合指数进行了偏离度测算，具体的计算公式如下：

$$P_i = \frac{h_i - \bar{h}}{\bar{h}} \qquad (5-1)$$

其中，P_i 表示第 i 个省份在 2019 年的制造业竞争力综合指数的偏离度；h_i 表示第 i 个省份在 2019 年的制造业竞争力综合指数，$\bar{h}$ 表示 2019 年中国各省份制造业竞争力的平均水平。

经过简单计算可以得到中国 30 个省份制造业竞争力综合指数的偏离度，具体如图 5-2 所示。雷达图的实际形状能够直观地反映出研究对象的离散程度，雷达图越分散，说明偏离程度越高。从制造业竞争力综合指数偏离度的绝对值来看，各地区的制造业竞争力差距非常大。其中，辽宁、吉林、黑龙江在图中的位置接近原点，说明东北三省的制造业竞争力明显低于全国平均水平；相对而言，以广东、江苏、浙江为代表的制造业强省处于较高水平，它们在雷达图中的位置接近最高点，已经远远高于其他地区。

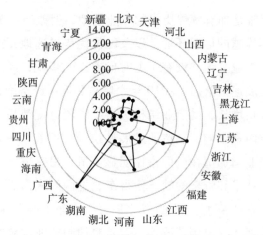

图5-2　2019年中国各省份制造业竞争力的偏离度

资料来源：作者根据 Wind 数据库和《中国工业统计年鉴》相关资料计算和整理所得。

制造业是东北三省的主导性产业之一，制造业竞争力的衰退对东北地区经济的长期可持续发展直接产生负面影响。在供给侧结构性改革、协调发展、第二轮东北振兴战略等政策的推动下，东北地区的经济发展企稳向好，但是与发达省份之间的差距客观存在。相比发达省份，东北地区缺乏驱动制造业发展的长期动力，尤其是战略性新兴产业。作为东北地区的中心城市，沈阳、大连、哈尔滨、长春聚集了区域内较高水平的人才和技术水平，但是相比其他副省级城市，这几个城市在高新技术企业总产值、企业数量、上缴税费等方面明显落后。受资金、技术、人力资本水平等因素影响，东北地区的其他城市新兴产业发展面临更多困难，发展活力不足。总体来看，东北三省在制造业竞争力方面已经严重落后于发达省份，这可能会产生"马太效应"，持续拉大区域经济发展差距，阻碍东北经济高质量发展，因此必须采取一定措施扭转这种局面。

二、东北地区与其他地区的比较

众所周知，东北是中国的重工业基地，从20世纪到21世纪，东北地区拥有良好的工业发展基础，也具备较好的工业集群发展潜力。实际上，东北地区在产业发展方面一直坚持着"工业为主，其他产业为辅"的目标。然而，近几年东北地区的经济增长缓慢，作为传统支柱产业的制造业出现萎缩趋势，逐渐被其他地区赶超，似乎陷入了一个发展瓶颈。为了探究东北地区与其他地区在制造业竞争力方面存在的现实差异，本书利用中国 30 个省份的制造业竞争力综合指数计算出了四大经济区域的制造业竞争力水平，具体如图 5 – 3 所示。根据国家统计局的划分办法，中国的四大经济区域分别是东部、中部、西部和东北。

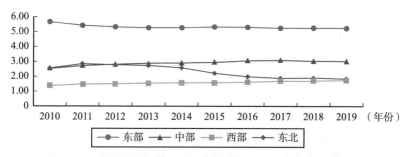

图 5 – 3　中国四大经济区域制造业竞争力综合指数的变化趋势

资料来源：作者根据 Wind 数据库和《中国工业统计年鉴》相关资料计算和整理所得。

从中国各区域制造业竞争力综合指数的整体情况来看，东部地区的制造业竞争力明显优于其他几个地区，在考察期间虽然出现了小幅波动，但是其曲线图形一直远远高于其他三个地区。中部地区的制造业竞争力在 2010～2016 年呈现出缓慢上涨的态势，2017 年之后有下降的趋势，但是幅度比较微弱。西部地区的制造业竞争力水平最低，但是考察期间呈现出明显的上升态势，并且与其他地区的差距正在逐渐缩小。2010～2013 年东北地区的制造业竞争力综合指数与中部地区十分接近，甚至一度高于中部地区，但是从 2013 年之后，东北地区制造业竞争力明显下滑，而中部地区则缓慢上升，后来两者的差距逐渐拉大。在其他地区制造业竞争力逐渐提升的同时，东北地区的制造业竞争力下行趋势明显，2017～2019 年东北地区的制造业竞争力已经明显低于东、中部地区，与西部地区相近，在全国范围内处于落后地位。

第三节 不同维度指数分析

一、规模竞争力

利用熵值法，本书得到了不同维度的制造业竞争力指数。表 5 - 4 显示的是 2010 ~ 2019 年中国 30 个省份制造业的规模竞争力指数。从整体来看，考察期间，中国各地区制造业的规模竞争力呈现出了动态调整的发展态势，一些地区出现了明显的增长趋势，同时也有一些地区的制造业规模竞争力水平下滑严重。从 2010 年和 2019 年的测算结果对比来看，2010 年制造业规模竞争力排在前五名的依次是江苏、广东、山东、浙江、辽宁，排在后五名的依次是海南、青海、宁夏、新疆、甘肃；2019 年制造业规模竞争力排在全国前五名的依次是广东、江苏、浙江、山东、河南，排在后五名的依次是青海、海南、宁夏、甘肃、黑龙江。从中可以看出，江苏、广东、山东、浙江这几个省份的制造业规模竞争力比较稳定，一直处于全国较高水平。另外，不同省份之间的制造业规模竞争力指数差距明显，2019 年排在全国第一名的广东制造业规模竞争力指数为 16.41，而排在倒数第一名的青海仅为 0.06，两者之间的差距悬殊。

表 5 - 4   2010 ~ 2019 年中国 30 个省份制造业的规模竞争力指数

省份	2010 年	2011 年	2012 年	2013 年	2014 年	2015 年	2016 年	2017 年	2018 年	2019 年
北京	1.90	1.83	1.69	1.51	1.51	1.48	1.49	1.48	1.51	1.57
天津	2.08	2.33	2.28	2.16	2.11	2.15	2.00	1.84	1.65	1.44
河北	4.00	3.93	3.96	3.83	3.84	3.74	3.75	3.84	3.48	3.28

续表

省份	2010 年	2011 年	2012 年	2013 年	2014 年	2015 年	2016 年	2017 年	2018 年	2019 年
山西	1.72	1.54	1.46	1.30	1.19	1.10	1.05	1.29	1.34	1.49
内蒙古	1.38	1.42	1.50	1.47	1.40	1.41	1.33	1.14	1.03	1.11
辽宁	4.90	4.95	4.77	4.53	4.04	3.39	2.48	2.17	2.40	2.71
吉林	1.70	1.70	1.72	1.77	1.78	1.78	1.77	1.75	1.56	1.15
黑龙江	1.47	1.32	1.29	1.18	1.09	1.05	0.93	0.84	0.80	0.80
上海	4.11	4.13	3.96	3.51	3.44	3.31	3.30	3.28	3.44	3.49
江苏	12.98	12.74	12.19	12.54	12.93	12.92	13.03	12.69	12.63	12.33
浙江	8.84	8.52	8.51	7.88	7.79	7.69	7.69	7.77	8.08	8.70
安徽	2.71	2.79	3.05	3.20	3.30	3.39	3.52	3.63	3.77	3.69
福建	3.84	3.92	3.73	3.15	3.15	3.17	3.28	3.32	3.74	3.78
江西	1.91	2.02	2.15	2.23	2.38	2.54	2.72	2.87	2.80	2.96
山东	10.94	10.81	11.00	10.74	10.70	10.74	10.60	10.56	9.67	8.33
河南	4.81	5.17	5.65	5.94	6.26	6.51	6.80	6.68	5.89	5.42
湖北	3.49	3.72	3.86	3.97	4.02	4.10	4.18	4.02	4.18	4.24
湖南	3.15	3.25	3.25	3.13	3.04	3.08	3.08	3.34	3.25	3.33
广东	12.27	12.15	11.77	13.71	13.68	13.90	14.23	14.07	15.25	16.41
广西	1.66	1.64	1.64	1.59	1.58	1.65	1.65	1.63	1.56	1.41
海南	0.05	0.04	0.02	0.01	0.01	0.04	0.01	0.01	0.07	0.12
重庆	1.42	1.59	1.60	1.56	1.71	1.86	1.95	2.03	1.91	1.86
四川	3.77	3.79	3.80	3.91	3.65	3.48	3.49	3.64	3.63	3.85
贵州	0.61	0.67	0.77	0.80	0.85	0.96	1.02	1.12	1.12	1.10
云南	1.11	1.10	1.17	1.11	1.09	1.08	1.00	1.14	1.25	1.24
陕西	1.79	1.79	1.82	1.84	1.91	1.92	1.99	2.18	2.23	2.29
甘肃	0.58	0.55	0.55	0.56	0.55	0.51	0.51	0.50	0.55	0.59
青海	0.11	0.12	0.08	0.08	0.09	0.12	0.11	0.10	0.08	0.06
宁夏	0.13	0.14	0.12	0.15	0.17	0.22	0.20	0.22	0.25	0.31
新疆	0.57	0.62	0.64	0.66	0.71	0.73	0.77	0.87	0.88	0.92

资料来源：作者根据 Wind 数据库和《中国工业统计年鉴》相关资料计算和整理所得。

考察期间，东北三省制造业的规模竞争力均呈现出了不同程度的下滑，发展趋势不容乐观。辽宁省拥有良好的制造业发展基础，其规模竞争力一度处于全国领先的水平，但这种优势正在逐渐衰弱。辽宁制造业的规模竞争力指数从 2010 年的 4.90 下降至 2019 年的 2.71，在全国排名中跌出前五。吉林制造业的规模竞争力指数在 2010 年为 1.70，水平偏低，但在考察期间仍然出现了下滑趋势，2019 年仅为 1.15。黑龙江制造业的规模竞争力指数从 2010 年的 1.47 一路下滑至 2019 年的 0.80，排在全国倒数第五名，产业竞争优势不断减弱。

为了更加具体地分析东北地区与其他几个地区的制造业发展差异，明确目前东北地区制造业竞争力的优势与劣势。进一步地，本书运用折线图描述各地区制造业规模竞争力指数的变化情况，将东北地区与其他几个地区进行比较，全面分析东北地区制造业规模竞争力的实际水平。图 5-4 描绘了 2010~2019 年中国四大经济区域制造业规模竞争力指数的变化趋势，曲线形状的差异能够在一定程度上反映出东北地区与其他地区在产业规模和生产能力方面的差异。

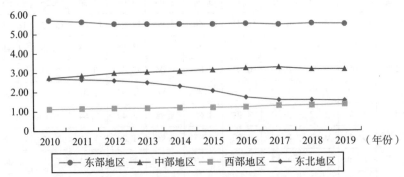

图 5-4　2010~2019 年中国四大经济区域制造业规模竞争力指数

资料来源：作者根据 Wind 数据库和《中国工业统计年鉴》相关资料计算和整理所得。

不难看出，考察期间东北地区制造业的规模竞争力严重下滑。对比不同区域制造业的规模竞争力指数可以发现，东北地区制造业的规模竞争力目前处于全国中下水平，并且波动幅度最大；东部地区制造业的规模竞争力的整体变化比较平缓，且一直领先于其他地区；西部地区制造业的规模竞争力水平处于全国末位，但是有逐渐提升的趋势；中部地区制造业的规模竞争力处于全国中等水平，且其在考察期间波动不大。2010 年东北地区与中部地区制造业的规模竞争力接近，明显高于西部地区，但是随着时间推移，东北地区制造业的规模竞争力逐渐下滑，2019 年已经远低于中部地区。东北地区制造业的整体规模在全国所占的比重不断萎缩，其对于经济发展的贡献可能逐渐减小，如果不采取有效措施提高制造业的规模竞争力，东北地区与其他地区的制造业发展差距可能越来越大。

二、市场竞争力

为比较分析东北地区与其他地区在制造业市场竞争力方面的差异。本书利用熵值法得到了 2010～2019 年中国 30 个省份制造业的市场竞争力指数，具体如表 5 - 5 所示。从整体来看，考察期间中国各地区制造业的市场竞争力不断变化。从 2010 年和 2019 年的测算结果对比来看，2010 年制造业市场竞争力排在前五名的依次是江苏、广东、山东、上海、浙江，排在后五名的依次是宁夏、青海、贵州、甘肃、重庆。2019 年制造业市场竞争力排在全国前五名的依次是广东、江苏、山东、上海、浙江，排在后五名的依次是青海、甘肃、山西、内蒙古、黑龙江。广东、江苏、山东、上海、浙江这几个省份的制造业市场竞争力比较稳定，一直处于全国前五的水平。不同省份之间的制造业市场竞争力差距明显，2019 年广东和青海的制造业市场竞争力指数分别是 10.29 和 0.59，排在全国第一名的广东是排在倒数第一名的青海的 17.4 倍。

表 5 - 5　　2010～2019 年中国 30 个省份制造业的市场竞争力指数

省份	2010 年	2011 年	2012 年	2013 年	2014 年	2015 年	2016 年	2017 年	2018 年	2019 年
北京	5.98	6.20	6.30	6.10	5.99	5.20	4.64	4.50	4.45	4.94

续表

省份	2010 年	2011 年	2012 年	2013 年	2014 年	2015 年	2016 年	2017 年	2018 年	2019 年
天津	3.82	3.84	3.83	3.78	3.82	3.96	3.55	3.40	4.19	3.82
河北	3.55	3.47	3.17	3.04	2.94	2.88	2.95	2.94	3.03	2.97
山西	1.54	1.44	0.90	0.78	0.62	0.36	2.55	2.44	1.20	1.06
内蒙古	1.53	1.64	1.41	1.41	1.21	1.18	1.14	1.59	0.90	1.12
辽宁	4.71	4.72	4.60	4.74	4.03	2.54	2.01	2.37	2.59	2.13
吉林	2.23	2.22	2.06	1.97	2.08	1.82	1.75	1.59	1.98	1.93
黑龙江	1.51	1.61	1.49	1.48	1.45	1.07	0.75	1.49	1.37	1.15
上海	7.57	7.43	7.39	7.10	7.14	7.42	7.23	6.78	6.40	6.31
江苏	11.04	10.98	10.89	10.70	10.70	11.00	10.99	10.83	10.29	9.60
浙江	6.17	6.09	5.92	5.88	5.90	6.00	6.03	5.83	5.85	6.10
安徽	2.82	2.75	2.66	2.70	2.71	2.93	2.91	2.96	3.22	3.24
福建	4.07	4.07	4.10	4.00	4.12	4.39	4.38	4.24	4.37	4.69
江西	2.22	2.31	2.33	2.47	2.64	2.78	2.80	2.83	2.98	3.07
山东	9.13	9.19	9.21	9.14	9.23	9.17	9.01	8.78	8.24	7.44
河南	3.62	3.79	4.05	4.19	4.53	4.96	5.03	5.02	5.08	4.82
湖北	2.56	2.63	2.77	3.00	3.00	3.14	2.98	2.61	3.10	2.99
湖南	2.59	2.51	2.39	2.39	2.20	2.42	2.39	2.54	2.82	3.23
广东	9.76	9.64	10.21	10.60	10.48	10.89	10.83	10.31	10.15	10.29
广西	1.72	1.66	1.73	1.71	1.85	2.36	2.25	2.41	2.44	2.51
海南	1.42	1.47	1.57	1.35	1.44	1.51	1.18	0.83	1.32	1.49
重庆	1.07	1.44	2.02	2.48	2.95	2.93	2.68	2.61	2.74	2.93
四川	2.98	2.89	2.91	2.67	2.69	2.57	2.61	2.83	3.18	3.48
贵州	0.54	0.57	0.98	0.59	0.77	1.14	0.90	1.16	1.32	1.43
云南	1.27	1.20	1.11	1.18	1.09	1.06	0.77	1.61	1.38	1.56
陕西	1.64	1.55	1.27	1.21	1.31	1.53	1.60	1.86	2.09	2.06
甘肃	0.88	0.90	1.01	1.06	1.02	0.58	1.68	1.02	0.78	0.74
青海	0.50	0.45	0.15	0.25	0.24	0.43	0.46	0.27	0.38	0.59
宁夏	0.45	0.45	0.33	0.77	0.58	0.73	0.86	0.80	0.94	1.18
新疆	1.16	1.21	1.23	1.25	1.27	1.02	1.06	1.58	1.20	1.16

资料来源：作者根据 Wind 数据库和《中国工业统计年鉴》相关资料计算和整理所得。

考察期间，东北三省制造业的市场竞争力均呈现出了不同程度的下滑，整体水平偏低。辽宁制造业的市场竞争力指数从 2010 年的 4.71 下降至 2019 年的 2.13，在全国排名下降了 11 个位次，是东北地区三个省份中下滑幅度最大的。吉林制造业的市场竞争力指数从 2010 年的 2.23 下降至 2019 年的 1.93，市场竞争力水平介于辽宁和黑龙江之间。黑龙江制造业发展趋势很不乐观，其制造业市场竞争力指数从 2010 年的 1.51 下降至 2019 年的 1.15，排在全国倒数第五名，是东北三省中市场竞争力最弱的。

相比其他地区，东北地区制造业的市场竞争力水平偏低。从图 5-5 中可以看出，2010~2019 年中国四大经济区域的制造业市场竞争力指数呈现出了不同情况的波动。东部地区的制造业市场竞争力始终领先，但是近几年有逐渐减弱的趋势；中部地区与西部地区的制造业市场竞争力变化趋势比较一致，整体上具有缓慢上升的趋势；相比其他几个地区，东北地区的制造业市场竞争力变化幅度最大，从 2010 年开始经历了几年的上下波动，在 2016 年达到了最低点，2017 年之后有所回升，但是目前东北地区制造业的市场竞争力水平明显落后。

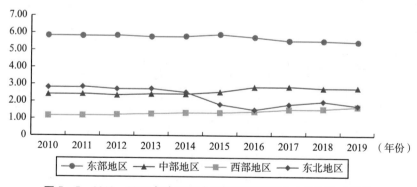

图 5-5 2010~2019 年中国四大经济区域制造业市场竞争力指数

资料来源：作者根据 Wind 数据库和《中国工业统计年鉴》相关资料计算和整理所得。

三、经营竞争力

为比较分析东北地区与其他地区在制造业经营竞争力方面的差异，本书利用熵值法得到了 2010～2019 年中国 30 个省份制造业的经营竞争力指数，具体如表 5－6 所示。从整体来看，考察期间，中国各地区制造业的经营竞争力不断变化。从 2010 年和 2019 年的测算结果对比来看，2010 年制造业经营竞争力排在前五名的依次是江苏、山东、广东、浙江、辽宁，排在后五名的依次是宁夏、青海、甘肃、海南、重庆。2019 年制造业经营竞争力排在全国前五名的依次是江苏、山东、广东、河南、浙江，排在后五名的依次是海南、黑龙江、青海、宁夏、甘肃。不难看出，江苏、山东、广东这三个省份的制造业经营竞争力比较稳定，始终处于全国前三的水平。此外，同一时期不同省份的制造业经营竞争指数差距较大。以 2019 年为例，排在全国第一名的江苏的制造业经营竞争力指数为 11.84，而排在倒数第一名的海南的制造业经营竞争力指数仅为 0.55，前者是后者的 21.5 倍。

表 5－6   2010～2019 年中国 30 个省份制造业的经营竞争力指数

省份	2010 年	2011 年	2012 年	2013 年	2014 年	2015 年	2016 年	2017 年	2018 年	2019 年
北京	2.18	1.80	1.69	1.62	1.62	1.51	1.56	1.55	1.66	1.72
天津	2.22	2.59	2.68	2.72	2.59	2.48	2.62	2.68	2.64	2.68
河北	4.89	5.10	4.97	4.89	5.28	4.90	4.88	4.92	4.90	4.77
山西	1.61	2.13	2.03	1.96	1.86	1.85	1.84	1.83	1.89	1.92
内蒙古	1.70	1.91	1.96	2.00	2.12	2.08	2.06	2.13	2.11	2.20
辽宁	5.12	5.14	5.00	4.91	4.29	3.75	2.93	2.18	2.03	1.89
吉林	2.45	2.06	2.01	2.06	2.13	1.98	2.03	2.18	2.09	2.07
黑龙江	1.47	1.36	1.27	1.23	1.20	1.25	1.14	1.04	0.96	0.90
上海	4.92	4.38	3.91	3.67	3.45	3.37	3.24	3.21	3.22	3.29
江苏	12.13	11.95	11.91	11.91	11.77	11.84	11.96	12.14	11.98	11.84

续表

省份	2010 年	2011 年	2012 年	2013 年	2014 年	2015 年	2016 年	2017 年	2018 年	2019 年
浙江	7.41	7.33	6.86	6.50	6.17	6.09	5.93	5.85	6.00	6.13
安徽	2.91	3.04	3.12	3.14	3.19	3.17	3.15	3.17	3.20	3.21
福建	3.50	3.03	2.96	2.99	3.07	2.98	3.00	3.03	3.08	3.19
江西	2.31	2.09	2.20	2.25	2.35	2.59	2.81	3.08	3.14	3.24
山东	11.08	10.54	10.40	10.31	10.94	11.24	11.04	10.96	10.21	9.42
河南	4.38	4.38	5.31	6.04	6.59	6.79	6.98	7.18	6.95	6.56
湖北	3.37	3.63	3.75	3.82	3.71	3.73	3.71	3.38	3.48	3.42
湖南	3.23	3.08	2.90	2.78	2.76	2.80	2.82	2.76	2.86	2.94
广东	8.80	8.66	8.29	8.01	7.76	7.93	8.06	7.99	8.18	8.38
广西	1.88	1.99	1.95	1.86	1.82	1.82	1.82	1.83	1.82	1.82
海南	0.86	0.38	0.25	0.35	0.33	0.42	0.47	0.49	0.46	0.55
重庆	0.99	1.48	1.75	1.89	2.00	2.14	2.32	2.41	2.49	2.60
四川	3.13	3.23	3.60	3.91	3.52	3.35	3.42	3.49	3.61	3.74
贵州	1.11	1.29	1.30	1.26	1.31	1.40	1.40	1.35	1.38	1.42
云南	1.37	1.54	1.62	1.59	1.54	1.48	1.46	1.51	1.55	1.54
陕西	2.32	2.20	2.02	1.93	2.14	2.23	2.52	2.79	3.14	3.50
甘肃	0.79	1.30	1.30	1.32	1.25	1.26	1.27	1.26	1.34	1.31
青海	0.60	0.84	0.88	0.81	0.86	1.01	0.94	0.89	0.88	0.91
宁夏	0.22	0.92	0.91	0.86	0.86	0.98	0.97	0.99	1.09	1.06
新疆	1.06	0.91	1.17	1.41	1.52	1.58	1.66	1.69	1.69	1.79

资料来源：作者根据 Wind 数据库和《中国工业统计年鉴》相关资料计算和整理所得。

考察期间，东北三省制造业的经营竞争力均呈现出了不同程度的下滑，整体水平偏低。辽宁制造业的经营竞争力指数从 2010 年的 5.12 下降至 2019 年的 1.89，从全国第 5 名跌至第 20 名，排名下降了 15 个位次，是全国 30 个省份中下滑幅度最大的。吉林制造业的经营竞争力指数从 2010 年的 2.25 下降至 2019 年的 2.07，经营竞争力水平目前高于辽宁和黑龙江。黑龙江制造业发展趋势很不乐观，其制造业经营竞争力指数从2010年的1.47下降至2019年的0.90，排在全国倒数第二名，是东北三省中制造业经营竞争力最弱的省份。

相比其他地区，东北地区制造业的经营竞争力下滑幅度最大。图5-6比较了中国四大经济区域制造业的经营竞争力水平，整体来看，四个区域的指数曲线变化趋势存在差别。考察期间，东部地区和东北地区的制造业经营竞争力水平呈现出了下滑趋势，东北地区的下滑幅度更大；相反地，中部地区和西部地区的制造业经营竞争力水平则有所提高。东北地区传统产业比重较高、国有企业数量巨大、产能过剩、民营企业力量薄弱，这些问题使得区域经济运行缺乏内生动力，产业结构调整艰难。资金运作不善、负债率偏高、盈利能力不强等问题在东北地区制造业企业中频频出现，导致东北地区制造业的经营竞争力严重下滑。

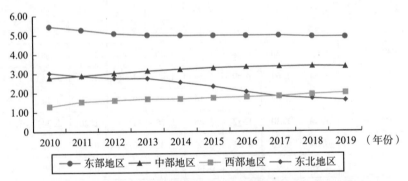

图5-6　2010～2019年中国四大经济区域制造业经营竞争力指数

资料来源：作者根据Wind数据库和《中国工业统计年鉴》相关资料计算和整理所得。

四、成本竞争力

为比较分析东北地区与其他地区在制造业成本竞争力方面的差异，本书利用熵值法得到了2010～2019年中国30个省份制造业的成本竞争力指数，具体如表5-7所示。从整体来看，考察期间中国各地区制造业的成本竞争力不断变化。从2010年和2019年的测算结果对比来看，

2010 年制造业成本竞争力排在前五名的依次是海南、青海、贵州、宁夏、黑龙江，排在后五名的依次是江苏、广东、山东、浙江、上海。2019 年制造业成本竞争力排在全国前五名的依次是海南、青海、宁夏、吉林、甘肃，排在后五名的依次是广东、江苏、浙江、山东、新疆。值得注意的是，成本竞争力指数表现出了与其他维度不同的特点，广东、江苏、浙江等工业强省在成本竞争力方面排名靠后。产生这种现象的原因很大程度上与各地区制造业的生产情况和经营成本的差异有关。目前中国的制造业强省多集中于经济发达的东部地区，这些省份的制造业企业面临更高的工资水平和企业管理成本。相比之下，海南、宁夏、青海等省份制造业产量不高，企业生产活动中的各项成本支出也相对较少，因此在成本竞争力方面更具优势。

表 5 - 7　　2010～2019 年中国 30 个省份制造业的成本竞争力指数

省份	2010 年	2011 年	2012 年	2013 年	2014 年	2015 年	2016 年	2017 年	2018 年	2019 年
北京	3.06	2.80	2.73	2.65	2.75	2.72	2.96	3.10	3.20	3.23
天津	3.27	3.48	3.45	3.40	3.41	3.42	3.47	3.59	3.65	3.73
河北	3.33	3.35	3.36	3.49	3.45	3.45	3.45	3.44	3.46	3.44
山西	3.94	3.87	3.83	3.85	3.87	3.88	3.87	3.85	3.85	3.87
内蒙古	3.95	3.94	3.86	3.89	3.88	3.86	3.80	3.78	3.76	3.72
辽宁	2.72	3.40	3.44	3.46	3.49	3.62	3.61	3.59	3.58	3.59
吉林	3.60	3.96	3.92	3.84	3.94	3.93	3.89	3.88	3.89	3.88
黑龙江	4.01	3.76	3.77	3.79	3.80	3.82	3.81	3.79	3.82	3.81
上海	2.15	2.93	2.97	2.96	3.04	3.12	3.29	3.38	3.42	3.47
江苏	0.71	1.00	0.94	0.98	0.96	0.97	1.10	1.28	1.24	1.15
浙江	1.75	1.87	1.99	1.93	1.94	1.79	1.87	1.95	1.86	1.88
安徽	3.54	3.40	3.32	3.30	3.31	3.28	3.30	3.29	3.36	3.29
福建	3.47	3.53	3.48	3.44	3.45	3.44	3.43	3.42	3.40	3.43
江西	4.00	3.78	3.78	3.79	3.80	3.74	3.77	3.78	3.73	3.79
山东	1.58	1.95	2.06	2.08	2.07	2.13	2.14	2.14	2.26	2.56

省份	2010 年	2011 年	2012 年	2013 年	2014 年	2015 年	2016 年	2017 年	2018 年	2019 年
河南	3.29	3.19	3.29	3.36	3.33	3.31	3.30	3.26	3.24	3.18
湖北	3.39	3.37	3.37	3.28	3.23	3.20	3.20	3.21	3.20	3.18
湖南	3.45	3.31	3.39	3.45	3.42	3.45	3.43	3.38	3.30	3.25
广东	1.50	1.29	1.42	1.17	1.18	1.23	1.03	0.81	0.75	0.61
广西	3.78	3.59	3.61	3.78	3.76	3.77	3.74	3.72	3.72	3.71
海南	4.22	4.26	4.15	4.10	4.11	4.11	4.10	4.10	4.13	4.17
重庆	3.80	3.83	3.80	3.77	3.72	3.73	3.68	3.66	3.64	3.69
四川	3.37	3.57	3.52	3.48	3.46	3.50	3.48	3.44	3.40	3.34
贵州	4.08	4.05	3.99	3.99	3.98	3.96	3.92	3.89	3.88	3.87
云南	3.96	3.74	3.73	3.83	3.79	3.75	3.71	3.68	3.67	3.64
陕西	3.91	3.69	3.66	3.66	3.64	3.64	3.59	3.54	3.48	3.37
甘肃	3.96	3.97	3.91	3.94	3.93	3.91	3.88	3.87	3.88	3.87
青海	4.16	4.19	4.10	4.09	4.09	4.07	4.04	4.03	4.04	4.06
宁夏	4.07	3.99	3.95	3.99	3.98	4.00	3.98	3.98	4.00	4.04
新疆	3.99	3.25	3.21	3.25	3.24	3.21	3.18	3.16	3.16	3.16

资料来源：作者根据 Wind 数据库和《中国工业统计年鉴》相关资料计算和整理所得。

考察期间，东北三省的制造业成本竞争力指数呈现出了不同的变化趋势。其中，辽宁和吉林的制造业成本竞争力均呈现出了上升的趋势，黑龙江的制造业成本竞争力则出现了下滑。辽宁的制造业成本竞争力指数从 2010 年的 2.72 增加至 2019 年的 3.59，从全国第 25 名升至第 15 名，排名向上移动了 10 个位次。吉林的制造业成本竞争力指数从 2010 年的 3.60 增加至 2019 年的 3.88，从全国第 15 名升至第 4 名，其成本竞争力水平目前高于辽宁和黑龙江。黑龙江的制造业成本竞争力指数从 2010 年的 4.01 下降至 2019 年的 3.81，在东北三省中排在末位。

总体来看，东北地区在制造业的成本竞争力方面具有一定发展优势。图 5 - 7 描绘了 2010～2019 年中国各地区制造业的成本竞争力指数变化情况，相比其他几个地区，目前东北地区制造业具有较高的成本竞争力。考察期间，西部地区和东北地区制造业的成本竞争力均处于较高水平，但是西部地区有下滑趋势；中部地区制造业的成本竞争力处于中等水平，近几年在小幅度波动中有所下降；东部地区制造业的成本竞争力处于全国最低水平，但是有比较明显的上升趋势。不同于制造业竞争力的其他维度，东部地区制造业在成本竞争上没有体现出明显的优势，造成这种现象的原因很复杂，人力成本较高可能是主要原因。相对而言，东北地区作为老工业基地，在产业政策、金融支持、人工成本等方面可能更具优势，所以整体而言制造业的成本竞争力较强。

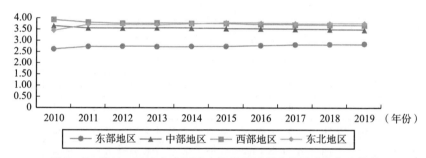

图 5－7　2010～2019 年中国四大经济区域制造业成本竞争力指数

资料来源：作者根据 Wind 数据库和《中国工业统计年鉴》相关资料计算和整理所得。

五、技术创新竞争力

为比较分析东北地区与其他地区在制造业技术创新竞争力方面的差异，本书利用熵值法得到了 2010～2019 年中国 30 个省份制造业的技术创新竞争力指数，具体如表 5－8 所示。从整体来看，考察期间，中国各地区制造业的技术创新竞争力不断变化。从 2010 年和 2019 年的测算结果对比来看，2010 年制造业技术创新竞争力排在前五名的依次是北京、江苏、广东、上海、浙江，排在后五名的依次是海南、青海、宁夏、新疆、贵州。2019 年制造业技术创新竞争力排在全国前五名的依次是广东、江苏、山东、浙江、天津，排在后五名的依次是青海、海南、甘肃、宁夏、黑龙江。不难看出，制造业技术创新竞争力排名靠前的省份多聚集于东部地区。此外，同一时期不同省份的制造业技术创新指数差距较大。以2019年为例，排在全国第一位的广东的制造业技术创新竞争力指数为15.55，而排在倒数第一位的青海的制造业技术创新竞争力指数仅为0.12，两者之间存在巨大差距。

表5-8　　　　2010～2019年中国30个省份制造业的
技术创新竞争力指数

省份	2010年	2011年	2012年	2013年	2014年	2015年	2016年	2017年	2018年	2019年
北京	16.27	2.13	2.08	2.06	2.05	2.02	2.06	2.06	2.17	2.13
天津	3.76	2.17	2.25	2.32	2.25	2.22	2.86	3.58	4.20	4.89
河北	1.94	3.76	3.73	3.72	3.64	3.49	3.42	3.39	3.28	3.18
山西	0.90	1.29	1.21	1.17	1.05	0.92	0.89	1.02	1.11	1.25
内蒙古	0.62	1.05	1.22	1.37	1.34	1.29	1.25	1.23	1.11	1.14
辽宁	2.99	5.30	5.03	4.81	4.25	3.30	2.52	1.82	2.23	2.66
吉林	0.64	2.30	2.34	2.38	2.39	2.26	2.28	2.32	1.88	1.46
黑龙江	1.27	1.00	0.99	1.00	0.92	0.83	0.72	0.63	0.66	0.70
上海	8.51	5.04	4.59	4.25	4.26	4.02	3.81	3.67	3.88	4.18
江苏	12.35	13.92	13.65	13.41	13.55	13.87	13.71	12.85	12.04	10.64
浙江	8.45	8.96	8.44	8.00	7.76	7.58	7.27	7.02	7.20	7.48
安徽	3.14	2.86	2.98	3.08	3.18	3.27	3.33	3.41	3.29	3.18
福建	2.39	3.43	3.46	3.49	3.49	3.64	3.65	3.70	4.08	4.53
江西	1.13	1.61	1.79	1.94	2.15	2.13	2.21	2.30	2.42	2.58
山东	8.10	11.38	11.34	11.30	11.36	11.71	11.50	11.42	9.99	8.48
河南	2.52	4.47	4.53	4.59	4.87	5.18	5.43	5.72	5.20	4.65
湖北	2.71	3.57	3.97	4.29	4.32	4.25	4.23	3.74	3.95	3.98
湖南	2.51	3.29	3.45	3.59	3.21	3.46	3.66	3.88	3.88	3.93
广东	11.47	11.42	11.47	11.49	11.84	12.06	12.49	13.05	14.19	15.55
广西	0.81	1.83	1.76	1.72	1.70	1.76	1.78	1.80	1.55	1.33

省份	2010 年	2011 年	2012 年	2013 年	2014 年	2015 年	2016 年	2017 年	2018 年	2019 年
海南	0.05	0.11	0.06	0.03	0.03	0.04	0.05	0.07	0.11	0.14
重庆	1.51	1.35	1.52	1.66	1.85	1.98	2.12	2.26	2.23	2.22
四川	1.81	3.58	3.66	3.73	3.74	3.67	3.76	3.87	3.96	4.09
贵州	0.38	0.48	0.55	0.63	0.70	0.84	0.87	0.90	0.82	0.76
云南	0.60	0.93	0.94	0.95	0.97	0.96	0.90	0.92	0.98	1.05
陕西	2.23	1.47	1.45	1.45	1.52	1.54	1.66	1.80	1.98	2.18
甘肃	0.52	0.80	0.72	0.67	0.67	0.68	0.57	0.48	0.42	0.35
青海	0.09	0.11	0.09	0.09	0.10	0.08	0.09	0.12	0.11	0.12
宁夏	0.11	0.21	0.18	0.17	0.15	0.18	0.20	0.24	0.30	0.35
新疆	0.24	0.50	0.57	0.64	0.70	0.73	0.73	0.74	0.78	0.83

资料来源：作者根据 Wind 数据库和《中国工业统计年鉴》相关资料计算和整理所得。

考察期间，东北地区制造业的技术创新竞争力不断调整，其中辽宁和黑龙江均呈现出了不同程度的下滑，但是吉林有所提升。辽宁的制造业技术创新竞争力指数从 2010 年的 2.99 下降至 2019 年的 2.66，从全国第 9 名跌至第 14 名，排名下降了 5 个位次，但其依然是东北三省中竞争力最强的省份。吉林的制造业技术创新竞争力指数从 2010 年的 0.64 上升至 2019 年的 1.46，从全国第 22 名上升至第 19 名，其技术创新竞争力水平目前介于辽宁和黑龙江之间。黑龙江的制造业发展趋势很不乐观，其制造业技术创新竞争力指数从 2010 年的 1.27 下降至 2019 年的 0.70，从全国第 18 名下降至第 26 名，是东北三省中制造业技术创新竞争力最弱的省份。

相比其他地区，东北地区制造业的技术创新竞争力明显落后。机械设备、物流、通信等基础设施是制造业发展的硬件条件，知识积累、技术进步、科技创新等"软实力"是推动制造业竞争力不断提高的内生力量。受经济发展水平、科技投入、人力资本水平等因素影响，中国四大经济区域制造业的技术创新竞争力水平差距较大，具体如图 5 - 8 所示。中国的万亿 GDP 城市中有一半以上属于东部地区，良好的经济发展水平为东部地区的创新发展提供了坚实基础。相比其他几个地区，东部地区有更好的经济基础以支持科研投入，并且拥有更高的人力资本水平来实现科技产出，因此其制造业在技术创新方面更具优势。中部地区和西部地区的科研创新竞争力虽然总体上有所提升，但是受政策支持、经济实力、人口素质等因素影响，增长幅度不大，与东部地区差距依然很大。东北地区制造业的技术创新竞争力在考察期间明显下滑，制造业的创新发展情况堪忧，这可能与近年来东北经济下滑、科研投入减少、人口流失等因素有关。

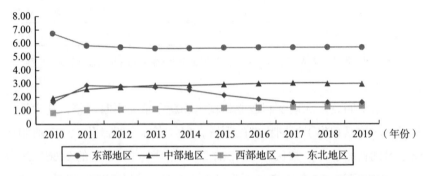

图 5 – 8　2010～2019 年中国四大经济区域制造业技术创新竞争力指数

资料来源：作者根据 Wind 数据库和《中国工业统计年鉴》相关资料计算和整理所得。

六、生态环境竞争力

为比较分析东北地区与其他地区在制造业生态环境竞争力方面的差异，本书利用熵值法得到了 2010～2019 年中国 30 个省份制造业的生态环境竞争力指数，具体如表 5 – 9 所示。从整体来看，考察期间，中国各地区制造业的生态环境竞争力不断变化。从 2010 年和 2019 年的测算结果对比来看，2010 年制造业生态环境竞争力排在前五名的依次是北京、海南、江西、宁夏、福建，排在后五名的依次是内蒙古、河南、山东、广西、甘肃。2019 年制造业生态环境竞争力排在全国前五名的依次是北京、上海、天津、吉林、海南，排在后五名的依次是山西、山东、河南、河北、内蒙古。从均衡发展的角度来说，2019 年排在全国第一名的北京的制造业生态环境竞争力指数为 7.63，而排在倒数第一名的山西的制造业生态环境竞争力指数为 1.19，两者之间存在一定差距。然而，相比其他维度，同一时期不同省份的制造业生态环境竞争力指数差距并不悬殊。

表 5 - 9　　　　　2010～2019 年中国 30 个省份制造业的
生态环境竞争力指数

省份	2010 年	2011 年	2012 年	2013 年	2014 年	2015 年	2016 年	2017 年	2018 年	2019 年
北京	5.31	7.81	7.38	6.57	6.75	7.22	7.01	7.22	7.37	7.63
天津	3.37	6.65	6.65	5.97	5.59	5.89	5.45	5.53	5.41	5.33
河北	2.71	1.16	1.23	1.31	1.34	1.52	1.66	1.92	2.04	1.98
山西	2.69	1.35	1.58	1.45	1.38	1.14	1.19	1.29	1.19	1.19
内蒙古	2.18	2.88	2.82	2.72	2.37	2.11	2.08	2.18	2.32	2.29
辽宁	2.90	2.59	2.32	2.54	2.48	2.15	2.63	2.34	2.44	2.30
吉林	3.32	3.78	3.82	4.22	4.07	3.95	3.99	4.12	4.19	4.16
黑龙江	3.28	2.65	3.02	3.12	3.06	2.95	3.15	3.26	3.30	3.37
上海	4.02	8.92	7.75	6.62	6.94	7.22	7.21	7.41	7.43	7.30
江苏	3.19	2.89	2.86	3.43	3.41	3.44	3.30	3.29	3.15	3.13
浙江	3.28	3.14	3.18	3.26	3.36	3.41	3.44	3.44	3.39	3.40
安徽	3.48	3.46	3.69	3.23	3.17	3.03	2.99	2.93	2.89	2.77
福建	4.06	2.92	3.05	3.10	3.15	3.17	3.18	3.14	3.01	3.05
江西	4.67	2.07	2.78	2.50	2.53	2.45	2.73	2.62	2.68	2.63
山东	2.44	1.04	1.18	1.38	1.40	1.32	1.37	1.41	1.36	1.42
河南	2.39	1.51	1.63	1.46	1.44	1.51	1.56	1.51	1.53	1.54
湖北	3.38	3.26	3.06	3.11	3.08	3.06	3.13	3.09	3.14	3.06
湖南	3.17	3.27	3.21	3.16	3.12	3.08	3.03	2.96	2.93	2.93
广东	3.20	2.72	2.94	2.82	3.05	3.20	3.17	3.04	2.94	2.84

省份	2010 年	2011 年	2012 年	2013 年	2014 年	2015 年	2016 年	2017 年	2018 年	2019 年
广西	2.51	2.41	2.37	2.86	2.76	2.91	3.03	3.00	2.92	2.91
海南	4.97	2.82	2.95	3.61	3.69	4.06	3.98	3.97	3.97	3.94
重庆	4.04	3.57	3.28	3.72	3.89	4.04	4.01	3.89	3.61	3.56
四川	2.82	2.44	2.25	2.90	2.93	2.92	2.95	2.88	3.06	2.86
贵州	2.60	3.40	2.85	3.31	3.33	3.38	3.61	3.52	3.87	3.85
云南	3.54	2.64	2.57	2.84	2.66	2.63	2.74	2.71	2.80	3.37
陕西	3.50	2.75	2.75	2.91	2.92	3.04	2.99	3.05	3.06	3.06
甘肃	2.54	4.16	4.24	4.04	3.90	3.68	3.58	3.60	3.74	3.53
青海	3.16	4.02	4.48	4.21	4.31	3.99	3.92	3.85	3.60	3.75
宁夏	4.10	3.70	3.57	3.59	3.86	3.69	3.38	3.30	3.24	3.50
新疆	3.19	4.30	4.56	4.02	4.07	3.83	3.53	3.57	3.42	3.37

资料来源：作者根据 Wind 数据库和《中国工业统计年鉴》相关资料计算和整理所得。

考察期间，东北三省的制造业生态环境竞争力不断波动。辽宁的制造业生态环境竞争力指数出现一定程度的下滑，吉林和黑龙江则有所提升。辽宁的制造业生态环境竞争力指数从 2010 年的 2.90 下降至 2019 年的 2.30，从全国第 21 名跌至第 25 名，排名下降了 4 个位次，目前在东北三省中排名最低。吉林的制造业生态环境竞争力指数从 2010 年的 3.32 上升至 2019 年的 4.16，从全国第 13 名上升至全国第 4 名，生态环境竞争力水平目前高于辽宁和黑龙江。黑龙江的制造业生态环境竞争力指数从 2010 年的 3.28 上升至 2019 年的 3.37，排在全国第 14 名。

整体而言，东北地区制造业的生态环境竞争力处于全国中等水平。如图 5-9 所示，2010～2019 年中国四大经济区域制造业的生态环境竞争力一直处于动态调整中，东部地区领先于其他地区，西部地区排在第二名，东北地区紧随其后，中部地区排在最后。传统的制造业生产活动是一种线性经济发展模式，以高能耗、高污染为特征，在创造了经济产能的同时给资源环境带来了巨大伤害，所以国家一直强调改变粗放的生产方式。中国经济已经进入高质量发展阶段，制造业企业的绿色发展意识逐渐增强。近年来，东北地区制造业的生态环境竞争力有所提升，这与国家出台的一系列节能减排、环境保护政策以及东北三省的努力程度有关。

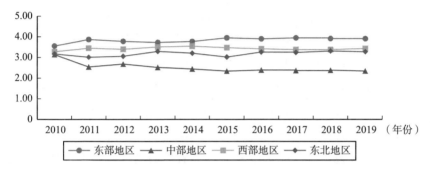

图 5-9　2010~2019 年中国四大经济区域制造业生态环境竞争力指数

资料来源：作者根据 Wind 数据库和《中国工业统计年鉴》相关资料计算和整理所得。

第四节　本 章 小 结

综上所述，本书分析了制造业竞争力的相关理论、东北地区制造业发展的现实情况、制造业竞争力的测度方法等内容。本章的主要目的是全面分析东北地区制造业竞争力，对比东北三省与发达省份、东北地区与其他地区制造业发展的差异，厘清东北地区制造业竞争力在全国范围内的真实水平，分析其发展优势与不足，为后文探究提升东北地区制造业区域竞争力的可行路径提供依据。本章的主要内容总结如下。

第一，实际测算出中国各地区制造业竞争力，并对结果进行简要分析。考虑到指标的可得性，本书选取了 2010~2019 年中国 30 个省份的面板数据作为研究样本，以 2019 年的权重值为基准，最终测算出了中国各地区的制造业竞争力综合指数。从制造业竞争力综合指数的整体特征来看，考察期间，各地区的制造业竞争力水平一直处于波动中，总体上没有明显的上升或者下降趋势。但是，不同地区之间的制造业竞争力差距较大，说明目前制造业发展水平并不均衡，制造业强省占据了优势地区，而一些省份的制造业基础比较薄弱，产业竞争力严重落后。

第二，东北三省制造业竞争力与发达省份之间存在较大差距。在东北地区三个省份制造业竞争力的省际比较中，首先进行了制造业竞争力的全国排名分析，以便更加直观地观察中国各省份制造业竞争力综合指数的变化情况。具体地，本书分别对 2010 年和 2019 年的综合指数进行排名，描述了各省份制造业竞争力的位次变动情况。通过比较分析可以发现，辽宁、吉林、黑龙江三个省份的制造业竞争力综合指数排名整体下滑。进一步地，本书对 2019 年中国各省份的制造业竞争力综合指数进行了偏离度分析，结果显示，东北三省的制造业竞争力远远低于发达省份。制造业是东北地区的支柱性产业，制造业的衰落对于区域经济发展十分不利。

第三，整体来看，东北地区制造业竞争力在全国范围内明显落后。以 2010～2019 年中国四大经济区域制造业竞争力综合指数为基础，本书对各地区的制造业竞争力进行了比较，东北地区制造业竞争力的下滑趋势明显，随着时间推移，逐渐被其他地区所超越，目前与西部地区的制造业竞争力水平相近，处于全国落后的位置。曾经引以为傲的重工业基础如今成为了掣肘东北经济发展的因素，在制造业优化升级的背景下，如何提升制造业竞争力是一个值得深思的问题。

第四，为更加了解目前东北地区制造业竞争力的整体情况，本章利用熵值法计算出了中国各省份以及中国四大经济区域不同维度的制造业竞争力指数，并利用图表进行比较分析。通过对比六个不同维度的竞争力指数的变化趋势，深刻分析东北地区制造业竞争力存在的优势与不足。结果显示，东北地区制造业发展很不乐观，考察期间东北地区制造业的规模竞争力、市场竞争力、经营竞争力、技术创新竞争力均出现明显下滑，目前处于偏低水平。相比之下，东北地区制造业在成本竞争力方面具有一定发展优势，生态环境竞争力处于全国中等水平。对各地区的制造业竞争力进行不同维度的比较分析再次验证了东北地区制造业发展不景气的现实，需要采取切实有效的措施扭转这种局面。

第六章

东北地区制造业竞争力的影响因素分析

第一节　计量模型构建

一、理论分析

区域制造业竞争力的展现，不仅与制造业体系的投资水平、基础设施水平、企业管理能力等内部条件有关，也与其所处区域的经济发展水平、政府支持力度、科技创新水平、产业开放程度等外部因素密切相关。随着这些内外部因素的不断变化和发展，区域制造业竞争力的各种构成要素也处于不断调整之中，导致各个地区在制造业竞争力方面出现差距。因此，在借鉴现有文献的基础上，本书结合中国实际国情与制造业发展的现实状况，从以下几个方面分析影响制造业竞争力的主要因素。

（一）经济发展水平

众所周知，中国经济进入新常态的一个重要表现就是经济增长的速度从过去的高速增长转向中高速增长。然而，东北地区的情况有所不同，其经济增长的速度与全国并不同步。2014 年之后，东北三省的经济增长速度明显低于全国平均水平。与此同时，政府的财政收入、企业的经济效益、固定资产投资水平也出现了不同程度的下滑。实际上，在东北经济下滑的同时，制造业发展也面临着产能过剩、产业升级困难、资金短缺等问题，制造业增加值对区域经济增长的贡献有所减弱。结合现有文献，本书认为制造业发展水平与经济发展水平之间是相辅相成的关系，区域制造业竞争力受经济规模、结构、质量等多方面影响，主要表现在以下几个方面。

第一，制造业竞争力的持续提升需要较好的经济基础。中国制造业在经历了"从小到大"的阶段之后，正在努力实现"从大到强"的转变。在这一过程中，制造业企业需要采取技术革新、设备更替、业态创新等措施，其对于资金的需求量会增加。在其他条件不变的情况下，经济基础能够为制造业发展提供更有利的条件。第二，经济发展水平能够为东北地区制造业发展营造良好的外部环境。经济发展水平的提高往往伴随着一系列变化，如基础设施、营商环境、金融服务等方面的逐渐优化。经济环境的改善能够在一定程度上刺激市场需求，缓解东北地区制造业所面临的困境。第三，经济高质量发展对制造业提出了更高要求，推动制造业的改革和创新。经济发展水平提升不仅意味着经济总量的不断增加，也蕴藏着经济质量的不断提高。随着新发展理念的深入人心，作为东北地区的主导产业，制造业的转型升级更加受到重视。

（二）人力资本水平

区别于物质资本，人力资本主要体现为人的能力，其中包括生产知识、劳动技能、管理能力以及健康水平等。随着人口红利趋于消失，国家越来越重视人口质量，制定了一系列推动教育普及、完善医疗保障、建设体育强国等方面的政策，以全面提升人口素质。从制造业发展的角度来说，人力资本积累水平是影响企业生产、经营管理、科技创新的重要因素。对于东北地区来说，制造业发展存在"大而不强"的问题。东北地区的制造业发展在缺乏自主创新能力的同时还面临产能过剩和转型升级的难题。人力资本在提高生产效率、推动技术创新、优化企业管理等方面具有促进作用，因此提升人力资本水平可能对东北地区制造业竞争力产生正向影响。

第一，人力资本在推动制造业转型升级中具有重要作用。在供给侧结构性改革的背景下，东北地区制造业需要完成"三去一降一补"等任务，这些任务与产业转型密切相关。无论是传统制造业的提质增效，还是新型制造业的成熟发展，都需要高质量的人才作为支撑。第二，劳动力供给对制造业生产具有重要影响。在制造业生产活动中，从业人员的技术水平、健康状况、操作经验等都会影响产品的生产效率和质量。受人才流失的影响，东北地区面临着人力资本积累不足、技术人员短缺等问题，合理配置人力资本将有利于制造业竞争力提升。第三，东北地区制造业发展需要实现科技创新，而科研活动对人力资本水平有较高要求。高科技人员是制造业企业发展的宝贵财富，他们具有专业知识储备，能够自主研发、攻克技术难题，通过提高制造业技术水平实现产品高附加值化，从而提升制造业在国际市场的竞争优势。

（三）固定资产投入水平

党的十八大以来，国家围绕供给侧结构性改革主线，着力推进"三去一降一补"，不断优化产业结构，培育壮大新动能，全国范围内制造业投资规模显著增加，投资结构逐渐优化，呈现出动能转换的良好局面，装备水平不断升级，并不断向中高端迈进。近年来，东北地区经济增长乏力，政府债务负担较重，民间资本投资热情不高，制造业固定资产投资额自 2015 年起出现下滑趋势，固定资产投入水平的变动对制造业竞争力的变化将产生重要影响。

第一，房产、建筑物、机器、机械等固定资产投资能够直接促进生产能力的形成。东北地区主要以重工业为主，制造业固定资产水平的高低对生产能力有十分重要的影响。尤其是对于技术难度大、成套性强的装备制造业来说，保持较好的固定资产投资水平是保障企业正常生产的必要条件。第二，固定资产投入对提升企业的规模竞争力十分重要。实现规模经济是制造业企业在市场竞争中提高产量、降低生产成本、提高市场占有率的关键因素。在企业进行生产规模扩张时，往往需要不断增加固定资产投入，给企业生产营造良好的外部环境。第三，固定资产投入对于制造业企业升级改造十分必要。对于传统企业来说，为提高企业的生产效率、实现转型升级，需要从资源配置的不断优化开始，固定资产投入是整个过程中不可或缺的。

（四）技术创新水平

知识时代的来临给制造业的经营环境带来了诸多变化，越来越多的企业致力于以技术创新来提升竞争力。在工业发展的过程中，曾经粗放式的生产方式在推动经济增长的同时也消耗了大量的资源。面对资源短缺的现实情况，通过科技创新改变生产方式、寻求新的发展目标是保障制造业健康发展的有效路径。结合目前制造业快速发展的实际，利用先进的技术改进制造业生产方式和服务质量，使其更好地与其他行业相互配合，有助于充分发挥制造业在国民经济中的关键作用，满足时代发展的需求。从产业竞争力的角度来说，制造业企业的技术水平越高，在要素投入不变的前提下，其生产能力越强，更有利于在竞争中占据优势地位。更重要的是，不断创新是提高全要素生产率的核心要素，能够让制造业在长期中实现转型升级，增强综合竞争力。综上所述，通常认为长期中技术创新水平对于制造业竞争力具有积极影响。

第一，技术创新能够使企业在产品的质量和性能方面实现突破，从而获得差异化竞争优势。随着人们生活水平的逐渐提高，消费者对产品和服务的需求呈现多样化，掌握先进技术水平的企业能够在产品和服务的不可替代性上优于其他企业，从而在市场竞争中获得收益。第二，在其他条件不变的前提下，技术创新能够降低生产成本。从减少要素投入和节能环保的角度来说，技术水平的不断提高是企业降低生产成本、提高经济效益的有力支撑。在制造业生产过程中，要积极应用高科技技术、智能化手段、新型工艺等新的生产方式，使其逐渐替代传统的高投入、高能耗、高污染的生产方式，从而减少自然资源消耗，降低生态环境损害，提高资源配置效率。第三，技术创新也会逐渐渗透到管理模式和调控机制中，为制造业高质量发展注入新的活力。为获得更多的市场机会、扩大市场份额，越来越多的企业更加注重潜在收益和品牌影响力。随着企业对新技术、新产品、新业态、新模式的态度更加包容和开放，知识和技术要素在经济生产中的地位逐渐增强，有利于制造业在长期中逐渐形成经济、环境、资源、社会相互协调的生产方式。

（五）外商直接投资

外商直接投资能够为经济发展带来长期性生产资本，它集合了资金、技术、人才、设备、管理等资源，能够从多个方面对东北地区制造业竞争力产生影响。东北地区具有良好的制造业发展基础，产业体系较为完善，自我配套能力强，但是也存在一些问题和制约因素，如自主创新能力偏弱、产业组织模式不合理、对外开放水平偏低等问题。外商直接投资在要素投入、资源配置、创新能力、企业竞争等方面发挥作用，从而能够对制造业竞争力产生影响。

一方面，外商直接投资具有溢出效应，能够在促进生产要素积累的同时推动技术进步和产业转型升级，因而对东北地区制造业竞争力产生正向影响。第一，外商直接投资在提供资金支持的同时，往往伴随着国外先进技术的流入。重大工程专用装备、汽车制造业、通用设备制造业、交通运输等装备制造业在东北地区发展起步早、速度快，产业门类齐全，是经济发展的重要基石。装备制造业具有技术资本密集的特点，外商直接投资的进入能够在弥补资金缺口的同时，提供高水平的技术支持。第二，外商直接投资具有竞争效应，能够激发本土企业的竞争意识，实现优胜劣汰，倒逼制造业转型升级。面对国内外的竞争压力，本土企业为了维持市场占有率和持续盈利能力，必须通过加强管理、产品创新、服务升级等手段提高产品附加值。第三，外商直接投资还具备示范效应。本土企业能够在外商直接投资中接触到前沿技术，通过"看中学"减少试错成本，提升劳动力素质，积累成功经验。

另一方面，外商直接投资也可能挤出本土企业、抢占优质资源、削弱自主创新能力，从而对制造业竞争力的提升产生负面影响。第一，通过技术引进方式提升制造业的技术水平不是长久之计。外国企业出于技术保护和长期盈利能力的考虑，通常不会输出核心技术，本土企业难以通过技术引进提高核心竞争力，其自主创新的热情和积极性可能逐渐被削弱。第二，实力雄厚的跨国公司对本土企业可能具有挤出效应。集合了资金、技术、人力资源等优势的跨国公司可能具有一定的垄断地位，与本土企业抢夺资源和市场占有率，给东北地区制造业竞争力的提升带来负面影响。总体来看，外商直接投资对提升东北地区制造业竞争力的影响方向尚不确定，具体要取决于正向作用和负向作用的相对大小。

（六）市场化水平

改革开放加速了中国制造业发展的市场化进程，顺应了制造业全球价值链分工与合作大趋势，为加快建设制造强国、加快发展先进制造业奠定了雄厚的物质基础。对于地区层面来说，不同的市场化水平体现为政府与市场的关系、非国有经济占比、制度环境等方面的差异。结合东北地区的制造业发展情况，市场化水平主要通过提高资本配置效率、增加研发投入、促进技术扩散等机制推动制造业竞争力提升。

第一，市场化有助于提高制造业资本配置效率。市场化程度的加深意味着政府对经济活动的干预减少，这会在很大程度上降低行政性垄断对资本配置的影响，从而更好地发挥市场在资本配置方面的积极作用，使得制造业企业的生产、经营、研发等环节顺利推进。第二，市场化有助于制造业的创新发展。较高的市场化水平意味着要素市场和产品市场的发育程度比较成熟，使得制造业具备吸纳高端人才以及足够的资金支持的能力，从而促进研发人员和资金合理流动，进而增加制造业研发投入。第三，市场化进程对技术扩散产生影响。较高的行业市场化水平能够更好地为供需双方提供技术信息，促使先进技术的供需双方顺利对接，达成更多的技术成果交易。交易量的上升有利于先进技术更广泛地运用和推广，让需求方有机会改进落后的生产方式，增强技术扩散和技术溢出效应。

（七）政府支持

改革开放以来，在经济发展的不同阶段，国家制定了不同的产业发展战略，并采取了相应的地区发展政策。为了满足经济和社会发展的战略需要，国家不断加大对工业的支持力度，制造业在政策扶持下不断发展壮大，国际影响力不断增强。从世界各国的实践经验来看，制造业发展与国家的政策紧密相连，政府的支持在促进制造业竞争力提升方面起到了重要作用。结合中国实际情况，政府在国民经济中发挥着资源配置职能、市场监管职能、收入分配职能以及维护经济稳定和发展职能，因此制造业的发展离不开政府的支持。在国家加快推进供给侧结构性改革的要求下，发挥政府在推动产业发展方面的重要作用，对解决东北地区制造业发展的瓶颈问题具有关键作用。具体来说，政府支持主要从以下几个方面促进制造业竞争力的提升。

由于历史原因，东北地区制造业的国企占比偏重，涉及领域十分广泛，政府在企业的生产经营、资源配置、管理层任命等方面具有较强的话语权。在这种情况下，东北地区制造业体制机制不灵活、产能过剩、经济效益低下等问题比较严重，来自政府的支持对制造业发展有重要意义。第一，政府具有宏观调控职能，可以通过制定财政政策对企业发展提供支持。针对东北具有转型升级潜力的企业在智能化、服务化、绿色化及一般技术改造等方面提供增值税、所得税等政策支持。第二，政府支持对科技含量高、研发投入大、利润回报期长的新兴产业发展有积极影响。高科技产业在研发初期具有较大沉没成本，如果完全由私人资本进行投资，产出可能达不到市场的需求，这时就需要政府投资的支持。同时，政府可以通过完善知识产权体系、保障权利人的合法权益、调动科研人员进行技术创新的积极性为制造业技术创新能力提升营造良好的外部环境。第三，政府还能够通过制定贸易政策促进制造业发展。政府在推动贸易自由化方面具有重要影响，不仅能够通过引进国外先进的设备和技术提升制造业的生产能力和技术水平，还可以调整出口产品结构、鼓励高附加值的产品出口、适当约束低端产品的出口，从而促进产业竞争力的提高。第四，政府在改善营商环境方面对制造业竞争力会产生影响。2017年，习近平总书记在中央财经领导小组第16次会议上指出，要营造稳定公平透明、可预期的营商环境。2018年，习近平总书记在深入推进东北振兴座谈会上提出的六项重点工作的第一项就是以优化营商环境为基础，全面深化改革。营商环境是经济和社会治理的综合指数，只有政府发挥好总体设计、统筹协调、整体推进、督促落实的职责，为制造业企业打通"最后一公里"，消除"中梗阻"，才能促进制造业企业落户东北，进而带动东北地区制造业竞争力的提升。第五，政府数字化治理能力。数字政府建设是充分发挥市场在资源配置中的决定性作用、更好发挥政府作用的需要。数字治理水平、数字化基础设施建设情况等，都直接影响着地方的实体经济。

二、模型设定

（一）计量模型

从区域经济学和产业经济的理论出发，东北地区制造业竞争力对区域经济发展有重要影响。结合前文对东北地区制造业发展的现实情况的分析不难看出，东北地区制造业竞争力正处于全国中下水平，如何提升制造业竞争力是振兴东北的一个重要课题。依据前述的理论分析，本书认为经济发展水平、人力资本水平、固定资产投入水平、技术创新水平、外商直接投资、市场化水平以及政府支持是影响东北地区制造业竞争力的几个重要因素。为了梳理清楚每个因素对东北地区制造业竞争力的影响方向和程度，本部分将对东北地区制造业竞争力水平的影响因素进行实证分析。由于各种影响因素对东北地区制造业竞争力的具体作用可能会随着时间的推移而发生改变，所以本书分别运用静态面板模型和动态面板模型来进行分析，试图区分其中的长短期变化。

首先，利用静态面板模型分析上述影响因素对东北地区制造业竞争力的短期影响，具体如下：

$$\text{RIC}_{it} = \alpha_0 + \alpha_1 \text{Pgdp}_{it} + \alpha_2 \text{Hum}_{it} + \alpha_3 \text{Inst}_{it} + \alpha_4 \text{Cret}_{it}$$
$$+ \alpha_5 \text{Fdi}_{it} + \alpha_6 \text{Mark}_{it} + \alpha_7 \text{Gov}_{it} + \mu_i + \lambda_t + \varepsilon_{it} \qquad (6-1)$$

其中，i 表示省份；t 表示年份；α_0 为模型的截距项；α_1 至 α_7 依次表示解释变量的系数，其数值大小能够反映出各个解释变量对东北地区制造业竞争力的影响方向和强弱程度；λ_t 表示时间固定效应；μ_i 表示个体固定效应；ε_{it} 表示随机扰动项。

进一步地，为探究各种因素对东北地区制造业竞争力的作用效果的长期性，基于静态面板模型将滞后一期的被解释变量作为新的变量纳入模型之中，从而构建出了动态面板模型，具体如下：

$$\text{RIC}_{it} = \beta_0 + \beta_1 \text{RIC}_{it-1} + \beta_2 \text{Pgdp}_{it} + \beta_3 \text{Hum}_{it} + \beta_4 \text{Inst}_{it} + \beta_5 \text{Cret}_{it}$$
$$+ \beta_6 \text{Fdi}_{it} + \beta_7 \text{Mark}_{it} + \beta_8 \text{Gov} + \mu_i + \lambda_t + \varepsilon_{it} \qquad (6-2)$$

其中，i 表示省份；t 表示年份；β_0 为模型的截距项；β_1 至 β_8 依次表示解释变量的系数，其数值大小能够反映出各个解释变量对东北地区制造业竞争力的影响方向和强弱程度；λ_t 表示时间固定效应；μ_i 表示个体固定效应；ε_{it} 表示随机扰动项。

（二）变量说明

关于变量的选取，本书基于经济学理论和经济行为分析进行了初步构思。结合数据的可行性以及变量之间的联系和区别，进一步确定了衡量被解释变量和解释变量的具体指标，力求保证每个变量既有经济学解释，又能反映历史情况。在上面构建的计量模型中，被解释变量直接引用了前文利用熵值法测算出的东北三省的制造业竞争力综合指数（RIC）进行分析。解释变量分别由反映经济发展水平、人力资本水平、固定资产投入、技术创新水平、外商直接投资、市场化水平、政府支持的 7 个指标构成，具体如下：

经济发展水平（Pgdp）：用人均国内生产总值来衡量。经济发展水平是一个地区、国家经济发展情况的综合展现，现有文献通常采用某一地区的国内生产总值（GDP）、人均国内生产总值或人均可支配收入来衡量经济发展水平。国内生产总值涵盖范畴十分广泛，无法体现地区之间的人口规模的差异，在衡量经济发展水平时具有局限性。以人均可支配收入衡量经济发展水平的文献通常采用人均居民可支配收入这一指标，但严格说来这并不够准确。综合考虑各种指标之后，本书选取人均国内生产总值来衡量东北地区的宏观经济运行情况。通常认为，经济发展水平越高，地区发展制造业的基础越好，越有利于制造业竞争力的提升。

人力资本水平（Hum）：用高等教育在校人数占该地区人口总量的比重来表示。人力资本水平受学历、技术、健康等很多因素影响，在现有的文献中，学者们主要采用 R&D 人员占比、平均受教育年限、高等教育在校人数占比等指标进行衡量。考虑到数据的可得性，本书选择东北地区高等教育在校人数占总人口的比重来衡量人力资本水平。人力资本水平的高低与受教育程度具有正相关性，受高等教育的人口比重增加对提升人力资本水平有正向影响。然而，人力资本水平的提升需要较高的前期投入，其对制造业竞争力的促进作用，可能需要配合基础设施等硬件的不断完善，所以其具体的影响方向尚不确定。

固定资产投入水平（Inst）：用制造业固定资产投资额来衡量。制造业的固定资产投资是指企业在一定时期内用于建造和购置固定资产的费用支出。其具体包括房产、建筑物、机器、机械、运输工具，以及企业用于基本建设、更新改造、大修理和其他固定资产投资等。固定资产投资的金额变化对制造业企业的生产规模和效率有一定影响。通常认为，固定资产投资的增加对制造业发展具有正向作用。

技术创新水平（Cret）：用技术市场成交额来衡量。实现创新发展是长期提升制造业竞争力的必经之路，在这一过程中创新投入不断增加、创新产出日益增长。在现有文献中，R&D 经费投入、专利授权率、技术市场成交额是比较常用的衡量技术创新水平的指标。本书认为经费投入和专利授权能够在一定程度上反映出某一地区在科学研究与试验发展方面的经费投入和成果产出情况，但是技术市场成交额更加能够体现出科研投入最终转化为新技术的实际水平，故采用技术市场成交额来衡量技术创新水平。一般地，技术创新水平越高，越有利于制造业竞争力提升。

外商直接投资（Fdi）：用外商投资企业的投资金额来衡量。外资是加快产业转型的催化剂，合理引入外资是经济发展的重要工作之一。在现有文献中，衡量外商直接投资时，通常用到外商投资企业的投资金额或者实际利用外资额。本书直接选用了外商投资企业的投资金额来衡量东北地区的外商直接投资水平，以此反映东北地区的制造业发展与国际经济的合作和竞争情况。通常认为，外商直接投资的增加对制造业竞争力的提升有正向影响。

市场化水平（Mark）：用国有及国有控股企业工业产值占全部工业产值的比重来衡量。市场化水平与制造业企业的生产效率、盈利能力、管理水平有密切的联系。目前东北地区传统产业所占比重较高，新兴产业发展缓慢，与此同时制造业中的国有企业数量巨大，三个省份的国企占比都远远高出全国平均水平。很多学者认为，东北地区国企占比过高可能会导致经济运行内生动力不足、结构调整艰难，因而影响产业的转型升级。考虑到数据的可得性，本书将国有及国有控股企业工业产值占全部工业产值的比重作为衡量市场化水平的指标。

政府支持（Gov）：用政府财政收入占国内生产总值的比重来衡量。政府对制造业发展的支持具体可以表现在资金支持、人才培养、政策鼓励等方面，其中资金支持最为直接，也比较容易量化。政府的财政收入水平是衡量财政实力最直接的体现，财政收入越多，政府财政实力越强。东北地区的制造业发展面临着国企占比过高、民营企业实力不足的问题，政府支持对制造业竞争力提升有重要影响。通常认为，财政收入的相对规模越高，政府在产业发展、基础设施建设、税收政策等方面的投入能力就越强，越有利于制造业的长期发展。

三、数据处理

（一）数据来源和描述性统计

考虑到数据可得性和适用性，本书的计量部分将样本区间设置为 2010～2019 年，研究对象为东北地区三省的面板数据。被解释变量的数据直接引用前文计算出来的制造业竞争力综合指数，解释变量的数据主要来源于 Wind 数据库、《中国统计年鉴》、《中国财政年鉴》以及各省政府在官方网站发布的统计数据资料。在数据收集和处理的过程中，发现个别年份存在数据缺失问题。为了保持样本数据的完整性，针对数据缺失的问题，本书采用了三年平均增速法或两年均值法对缺失的数据进行了填补。

一组数据的波动性越大，说明它所涵盖的信息量越大，信息量越大，不可知的因素就越多。为了方便观察研究期间各个变量的分布情况和统计特征，及时识别出样本数据中可能出现的一些异常值，本书对所有变量进行了描述性统计分析，具体结果如表 6 - 1 所示。通过对各个变量的最大值、最小值、平均值、标准差、中位数进行统计，能够很好地掌握样本数据的分布特征。从整体结果来看，省份之间在科技创新水平、固定资产投入水平、外商直接投资中存在的差别比较大，但样本数据中不存在极端异常的情况。

表 6 - 1　　　　　　　　　各个变量的描述性统计

变量	指标	最大值	最小值	平均值	标准差	中位数
被解释变量	RIC	4.76	1.17	1.06	1.03	2.21
解释变量	Pgdp	6.54	2.71	1.01	0.69	4.54
	Hum	33.73	24.03	2.77	1.88	28.28
	Inst	88.66	10.57	20.75	10.88	34.35
	Cret	118.99	10.20	35.52	28.14	39.49
	Fdi	40.28	1.96	9.22	9.12	3.73
	Mark	0.82	0.24	0.12	0.11	0.40
	Gov	14.35	0.86	3.03	2.36	8.30

资料来源：作者根据 Wind 数据库、历年的《中国统计年鉴》以及政府网站相关资料测算所得。

（二）相关性检验

相关性分析是指对两个具备相关性的变量元素进行分析，从而衡量两个变量因素的相关密切程度。本书运用软件 Stata 14.0 对模型中的所有变量进行了皮尔逊（Pearson）相关系数检验，计算公式如下：

$$\rho_{(X,Y)} = \frac{cov(X, Y)}{\sigma_X \sigma_Y} = \frac{E[(X - \mu_X)(Y - \mu_Y)]}{\sigma_X \sigma_Y}$$

$$= \frac{E(XY) - E(X)E(Y)}{\sqrt{E(X^2) - E^2(X)}\sqrt{E(Y^2) - E^2(Y)}} \tag{6 - 3}$$

其中，X 和 Y 表示任意两个变量，分子为它们的协方差，分母是两个变量的标准差的乘积。两个变量的相关性越强，相关系数的绝对值越接近 1；当两个变量相互独立时，相关系数的值为 0。

东北地区制造业竞争力影响因素的各个变量相关性检验结果如表 6 - 2 所示，其中解释变量之间相关系数均小于 0.7，说明它们之间不存在强相关性。从解释变量与被解释变量的相关系数来看，被解释变量 RIC 与解释变量 Pgdp、Hum、Inst、Cret、Fdi、Gov 之间的符号为正，为正相关关系；而 RIC 与 Mark 之间的符号为负，为负相关关系。此外，为了识别变量之间是否存在多重共线性的问题，本书进一步计算了各变量的方差膨胀因子（VIF）。结果显示，VIF 的最大值为 4.8。根据计量经济学的知识可知，当 VIF 值不超过 10 时，可以排除变量之间存在多重共线性的问题。

表 6 - 2　　　　　　　　变量之间的相关性检验

变量	RIC	Pgdp	Hum	Inst	Cret	Fdi	Mark	Gov
RIC	1							
Pgdp	0.6268 ***	1						
Hum	0.3449 *	0.6217 ***	1					
Inst	0.6976 ***	0.5596 ***	0.3347 *	1				
Cret	0.6304 ***	0.4642 ***	− 0.2075	0.3083 *	1			
Fdi	0.4959 ***	0.6468 ***	0.2923	− 0.0410	0.6719 ***	1		
Mark	− 0.4968 ***	− 0.3592 *	− 0.2931	− 0.6336 ***	− 0.0776	0.2677	1	
Gov	0.5039 ***	0.6420 ***	0.3951 **	0.5082 ***	0.5711 ***	0.5091 ***	− 0.3860 **	1

注：*** 、** 、* 分别表示检验结果在 1% 、5% 、10% 的水平上显著。

第二节　实　证　分　析

一、静态面板模型检验

结合东北地区制造业发展的现实情况，以及辽宁、吉林、黑龙江三个省份在经济和社会发展方面的特点，本书认为针对东北地区制造业竞争力的计量分析可能存在不随时间而改变的因素。在静态面板数据的固定效应回归中，对于不同的截面或不同的时间序列而言，只有模型的截距项不同，而模型的斜率系数相同。固定效应回归可以用来分析面板数据中随个体变化但不随时间变化的某种趋势，检验的主要目的是比较每个变量的特定类目以及变量之间的交互作用效果。结合研究对象的特点，本书使用固定效应模型进行东北地区制造业竞争力影响因素的计量分析，得到的结果如表6-3所示。

表6-3　　东北地区制造业竞争力影响因素的静态面板模型结果

变量	固定效应 （FE）	随机效应 （RE）	变量	固定效应 （FE）	随机效应 （RE）
Pgdp	0.2858 * （1.82）	0.4969 ** （2.44）	Mark	-0.0471 （-0.46）	-0.2135 * （-1.61）
Hum	0.0271 （0.46）	0.1004 * （1.31）	Gov	0.0239 * （1.49）	0.1053 ** （2.28）
Inst	0.0151 * （1.59）	0.0393 *** （3.71）	Cons	2.3040 * （1.37）	0.9063 （0.41）
Cret	0.0158 * （1.60）	0.0088 （1.05）	R^2	0.8181	0.8839
Fdi	0.0262 * （1.88）	0.0734 *** （2.60）	Hausman 检验	Prob > chi2 = 0.0033	

注：***、**、*分别表示检验结果在1%、5%、10%的水平上显著；小括号内为回归系数的z值。

从中可以看出，固定效应模型中的大部分解释变量对被解释变量的影响方向是正的，只有市场化水平这一变量的影响方向为负。这说明短期内提高经济发展水平、人力资本水平、固定资产投入水平、技术创新水平、外商直接投资、政府支持对东北地区制造业竞争力有促进作用。这 6 个解释变量所对应的回归系数分别为 0.2858、0.0271、0.0151、0.0158、0.0262、0.0239，其中经济发展水平的系数值最大，说明其对东北地区制造业竞争力的影响程度最强。从显著性水平的角度来看，经济发展水平、固定资产投入水平、技术创新水平、外商直接投资、政府支持这 5 个变量对东北地区制造业竞争力的影响比较显著。人力资本水平对东北地区制造业竞争力的影响并不显著，说明东北地区人力资本级别水平应进一步提高，充分发挥东北地区高等院校、科研院所和企业研究力量的作用。与此同时，应进一步扩大对外开放，吸引更多的外商投资进入东北。市场化水平对东北地区制造业竞争力有负向影响，其回归系数为 -0.0471，而且这种影响并不显著。由于市场化水平是用国有及国有控股企业工业产值占全部工业产值的比重来进行衡量的，也就是说，如果国有及国有控股企业在制造业中所占的比重持续增加，东北地区制造业竞争力水平将会降低。因此，应加大国企国资改革力度，加快混合所有制发展，在做强做大国有企业的同时，充分激发各类市场主体活力，促进东北地区制造业高质量发展。此外，固定效应模型的拟合优度 R^2 大于 0.8，说明此模型能够较好地解释现实情况。

为提高计量结果的科学性和准确性，本书认为需要进一步进行静态面板数据的随机效应检验。固定效应模型假设我们所有的研究都是相同总体的一部分，而随机效应模型中的真实效应随研究的不同而改变。固定效应回归基本确定了个体效应的存在，但是个体效应仍然可能以随机效应的形式存在。从表 6-3 中可以看出，随机效应模型中的大部分解释变量对被解释变量的影响方向是正的，只有市场化水平这一变量的影响方向为负。这说明短期内提高经济发展水平、人力资本水平、固定资产投入水平、技术创新水平、外商直接投资、政府支持对东北地区制造业竞争力具有促进作用。这 6 个解释变量所对应的回归系数分别为

0.4969、0.1004、0.0393、0.0088、0.0734、0.1053，其中经济发展水平的系数值最大，说明其对东北地区制造业竞争力的影响程度最强。从显著性水平的角度来看，除技术创新水平之外，其余的变量对东北地区制造业竞争力的正向影响都是显著的。然而，市场化水平对东北地区制造业竞争力有显著的负向影响，其回归系数为 - 0.2135，再次验证了国有及国有控股企业在制造业中所占的比重越高，东北地区制造业竞争力水平越低的结论，为此，应加大体制机制创新的步伐。此外，随机效应模型的拟合优度 R^2 大于 0.8，说明此模型能够较好地解释现实情况。

在处理面板数据时，究竟是使用固定效应模型还是随机效应模型，是计量经济学中的一个基本问题。为此，本书在完成了固定效应回归和随机效应回归之后，进一步对计量结果进行豪斯曼（Hausman）检验。由于结果中的 P 值为 0.0033 小于 0.01，故拒绝原假设 "H_0：个体效应与解释变量不相关"，这表明固定效应模型的估计是一致的，但是随机效应模型的估计是非一致的。综上所述，关于东北地区制造业竞争力影响因素的静态面板计量分析应该使用固定效应模型而非随机效应模型。

二、动态面板模型检验

（一）系统 GMM 估计

在动态面板模型的检验中，考虑到被解释变量滞后期对当期的影响，本书引入了滞后一期的被解释变量作为解释变量，但也正因模型中存在滞后的被解释变量，导致模型可能存在内生性问题。相较于普通最小二乘法、工具变量法和极大似然法等传统的计量估计方法，系统 GMM 估计不需要知道随机误差项的准确分布信息，而且它允许随机误差项存在异方差和序列相关，因此该方法在模型参数估计中被广泛应用。结合东北地区制造业竞争力和其影响因素的特征，本书最终选择利用系统 GMM 估计方法。具体地，本书选择解释变量的滞后项作为工具变量，利用软件 Stata 14.0 完成了东北地区制造业竞争力影响因素的分析，具体结果如表 6-4 所示。

表 6-4　　东北地区制造业竞争力影响因素的动态面板模型结果

变量	系统 GMM	差分 GMM	变量	系统 GMM	差分 GMM
RIC（-1）	0.7251 *** (5.18)	0.8812 ** (3.00)	Mark	-0.3638 ** (-2.21)	-0.1781 ** (-2.61)
Pgdp	0.0570 *** (4.06)	0.0359 ** (2.51)	Gov	0.0421 * (1.24)	0.0289 (0.84)
Hum	0.1013 ** (2.03)	0.1305 ** (3.52)	Cons	5.3271 *** (3.60)	4.7636 *** (3.38)
Inst	0.0151 * (1.59)	0.0248 * (1.48)	AR（1）	-3.7801 [0.0001]	-4.012 [0.0001]
Cret	0.0420 * (1.05)	0.0632 (0.76)	AR（2）	-0.6083 [0.6402]	-0.8030 [0.7491]
Fdi	0.0548 *** (2.92)	0.0419 * (1.58)	Sargan 检验	28.2075 [0.4850]	28.9440 [0.4945]

注：***、**、*分别表示检验结果在1%、5%、10%的水平上显著；小括号内为回归系数的 z 值；方括号内为对应统计量的 P 值。

滞后一期的东北地区制造业竞争力综合指数的回归系数显著为正，说明制造业竞争力的发展存在显著的惯性特征，上一期的竞争力水平对当期的竞争力水平有显著的正向影响。事实上，本书在关于中国制造业竞争力的省际比较中发现东北地区3个省份的制造业竞争力整体上呈现出了下滑趋势，而且与发达省份存在较大差距。根据系统 GMM 估计的结果分析，如果东北地区制造业竞争力持续下滑的现象得不到控制，那么未来东北地区与发达地区在制造业竞争力方面的差距可能持续拉大。主要解释变量的系统 GMM 估计结果显示，大部分解释变量对被解释变量的影响是正向的。经济发展水平、人力资本水平、固定资产投入水平、技术创新水平、外商直接投资、政府支持与东北地区制造业竞争力呈现出正相关关系，其回归系数分别为 0.0570、0.1013、0.0151、

0.0420、0.0548、0.0421，并且对被解释变量的正向影响比较显著。同时，市场化水平对东北地区制造业竞争力具有显著的负向影响，其系数为 -0.3638，结合变量的数据特征，可以说明国有企业在制造业中所占比重过高将对东北地区的制造业竞争力的提升产生负面影响。

（二）工具变量的有效性

工具变量要与内生解释变量相关，但又不能与被解释变量的扰动项相关。从表 6-4 中可知，AR（1）和 AR（2）的结果显示 GMM 模型存在一阶自相关，但不存在二阶自相关。另外，模型最终通过了过度识别检验（Sargan 检验），这能够证明模型中的工具变量的选取是有效的，也就是说东北地区制造业竞争力的影响因素的 GMM 估计是有效的。

（三）稳健性检验

稳健性检验的目的观察实证结果是否随着计量方法和参数设定的改变而发生变化，如果在分析过程中发现解释变量的系数的符号和显著性发生了改变，说明回归结果不稳定，需要检查模型设定是否存在一些问题；如果发现解释变量的系数的符号和显著性不变，则回归结果是稳定的。为确保 GMM 估计结果的适用性和科学性，本书对东北地区制造业竞争力的影响因素进行了稳健性检验，具体结果如表 6-4 所示。结果显示，在系统 GMM 估计和差分 GMM 估计中，解释变量的回归系数虽然在数值方面存在大小差别，但是各个解释变量对被解释变量的影响方向完全一致，且大部分解释变量的估计结果十分显著，这说明 GMM 估计的回归结果是稳健的。此外，本书还利用更换变量和数据计量单位的方法进行了稳健性检验，结果依然稳健。综上，稳健性检验的结果说明关于东北地区制造业竞争力的影响因素的 GMM 估计结果是稳健的。

第三节 本章小结

本书的前半部分从定性和定量的角度分析了东北地区制造业的发展现状、制造业竞争力的测度以及东北地区制造业竞争力与发达地区的差距等内容，从中可以看出，目前东北地区制造业竞争力处于全国偏低水平，而且呈现出了下滑趋势。有鉴于此，本章的主要目的是通过计量模型找出影响东北地区制造业竞争力的主要因素，希望能够为制造业发展提供参考。

第一，从理论分析层面分析影响东北地区制造业竞争力的主要因素。制造业竞争力是某一个地区制造业真实水平和发展实力的综合体现，在借鉴现有文献的基础上，本书认为制造业竞争力与经济发展水平、人力资本水平、固定资产投入水平、技术创新水平、外商直接投资、市场化水平、政府支持这个 7 个内外部因素密切相关。

第二，在理论分析的基础上，建立计量模型。为了梳理清楚每个因素对东北地区制造业竞争力的影响方向和程度，本章需要建立计量模型对东北地区制造业竞争力水平的影响因素进行实证分析。因为各种影响因素对东北地区制造业竞争力的具体作用可能会随着时间推移而发生改变，所以本章利用东北地区的实际数据分别建立了静态面板模型和动态面板模型，试图从短期和长期两个角度分析各种因素对制造业竞争力的具体影响。

第三，静态面板数据的实证分析。根据研究对象的主要特点，本书先后运用固定效应模型和随机效应模型进行回归分析，并且利用豪斯曼检验判定固定效应模型更加适合分析东北地区制造业竞争力的影响因素。最终结果显示，经济发展水平、人力资本水平、固定资产投入水平、技术创新水平、外商直接投资、政府支持对东北地区制造业竞争力有促进作用，而市场化水平对东北地区制造业竞争力有负向影响。此外，固定效应模型的拟合优度 R^2 大于 0.8，说明此模型能够较好地解释现实情况。

第四，动态面板数据的实证分析。结合东北地区制造业竞争力和其影响因素的特征，本书最终选择利用系统 GMM 估计方法进行检验，滞后一期的东北地区制造业竞争力综合指数的回归系数显著为正，说明制造业竞争力的发展存在显著的惯性特征，上一期的竞争力水平对当期的竞争力水平有显著的正向影响。经济发展水平、人力资本水平、固定资产投入水平、技术创新水平、外商直接投资、政府支持与东北地区制造业竞争力呈现出正相关关系，市场化水平对东北地区制造业竞争力有显著的负向影响。

通过以上分析，较好地验证了实证分析的结论，进一步说明了东北地区制造业发展存在的主要问题，以及各主要因素对东北地区制造业发展的影响，从成因和源头上说明了制约东北地区制造业发展的关键所在，从而为下一步提出对策性建议奠定了基础。

第七章

研究结论与政策建议

第一节 研究结论

首先，本书利用文献分析法系统地梳理了国内外有关制造业竞争力的研究成果，归纳总结了一些理论界的代表性观点，明确了区域制造业竞争力的相关概念内涵及其外延知识。其次，在定性分析中，本书围绕着制造业竞争力的基础理论展开研究，梳理了相关知识脉络，并且结合东北地区的经济特点分析了制造业的发展现况。最后，在定量分析中，本书运用了熵值法、固定效应和随机效应检验、广义矩（GMM）估计等方法测算出了东北地区制造业竞争力的综合指数，与全国各地区进行了比较分析，并且在理论分析的基础上对影响制造业竞争力的几个重要因素进行了验证。本书得出的主要结论可以归纳为以下几个方面。

第一，制造业竞争力的内涵。制造业竞争力是指不同区域空间的产业体系在相互比较中所体现出来的优于其他区域的素质和能力，是某一个地区制造业真实水平和发展实力的综合体现。制造业竞争力由多种要素构成，集合了生产要素、需求要素、相关产业和支持产业以及企业的发展战略等多个方面。

第二，东北地区制造业的发展情况。东北地区制造业发展总体上经过了快速发展、逐步衰退和缓慢恢复等阶段。计划经济下的快速发展构建起东北地区制造业的体系基础，但也使得东北地区制造业发展形成较强的路径依赖性；伴随着区域性竞争，东北地区制造业发展在外部环境与自身因素的双重作用下开始衰退；之后随着振兴东北等老工业基地战略的实施，东北地区制造业开始缓慢恢复，但也出现一些新问题；伴随着新常态，新一轮东北振兴启动，进一步推动制造业提质增效。当前，在遵循东北地区制造业特性的基础上强化赋能是新一轮东北地区制造业高质量发展的主线。从现实层面看，东北地区制造业具有体系完整、以重化工业为主导、区域集中度高等突出优势和特征，但也存在市场份额逐步萎缩、创新能力不足、先进制造业发展不充分、企业主体力量不强等问题。新发展格局下竞争力的提升需要把握好东北地区制造业的特征，注重发挥自身的优势，并从内在和外部两个层面、从根源性制约因素着手解决东北地区制造业发展中存在的突出问题。

第三，本书在定性分析的基础上，从 6 个维度构建了中国制造业竞争力的指标评价体系，并利用熵值法实际测算得到 2010～2019 年中国 30 个省份制造业竞争力综合指数。制造业竞争力综合指数的数值越高，表明某一地区的制造业竞争力水平越高。从整体上看，各地区的制造业竞争力综合指数一直处于波动中，没有表现出明显的上升或者下降趋势。值得注意的是，不同地区之间的制造业竞争力综合指数存在明显差距。制造业竞争力综合指数的分布特征表明中国目前存在制造业发展水平不均衡的问题，制造业强省占据了明显的优势地位，而一些地区的制造业发展基础比较薄弱，制造业竞争力严重落后。

第四，通过比较分析发现东北地区制造业竞争力在全国范围内明显落后。考察期内，东北地区制造业竞争力的下滑趋势非常明显，随着时间推移，逐渐被其他地区所超越，目前与西部地区的制造业竞争力水平相近，处于全国落后的位置。在不同维度的竞争力比较中我们发现：东北地区制造业的规模竞争力、市场竞争力、经营竞争力、技术创新竞争力均出现明显下滑，目前处于偏低水平；东北地区制造业在成本竞争力方面具有一定发展优势；东北地区制造业的生态环境竞争力处于全国中等水平。

第五，本书利用静态面板模型和动态面板模型对影响东北地区制造业竞争力的因素进行了计量分析。结果显示，经济发展水平、人力资本水平、固定资产投入水平、技术创新水平、外商直接投资、政府支持与东北地区制造业竞争力呈现出正相关关系；市场化水平对东北地区制造业竞争力具有显著的负向影响，结合市场化水平这一指标的实际含义，说明国有企业占比过高对东北地区制造业竞争力产生了负面影响。

第二节　对策建议

一、优化制造业高质量发展环境

党的十九大通过的《中国共产党章程（修正案）》中将"发挥市场在资源配置中的基础性作用"修改为"发挥市场在资源配置中的决定性作用，更好发挥政府作用"。这向全社会释放出强烈的信号，要正确处理政府和市场的关系，切实转变经济发展方式，加快转变政府职能，有效抑制消极腐败现象。与珠三角、长三角等发达地区相比，东北地区政府干预市场的力量普遍偏大，政府和市场关系不平衡是东北地区发展环境不够优越的关键，在发挥市场在资源配置中的决定性作用方面，东北地区推进改革的进程相对迟缓。具体到制造业来看，东北地区的政府要为制造业高质量发展营造更好的发展环境，要更多采取改革的办法，更多运用市场化、法治化手段，在解决体制性障碍、补齐机制性短板、推出政策性创新上有所突破，拿出务实的举措，实打实地抓好落实，使资源要素更好地向制造业集聚、政策措施有效地向制造业倾斜、工作力量有序地向制造业加强，营造公平竞争的市场环境，激发各类市场主体活力，在优胜劣汰、竞争合作中增强企业活力，为东北地区制造业高质量发展营造更好的发展环境。

（一）推动产业政策向普惠化功能性转型

强化制造业竞争政策基础性地位，坚决打破行政性垄断，有效防止市场垄断，健全和完善市场竞争规则，着力破除各类市场壁垒，强化对市场竞争行为的公正监管，维护公平竞争的市场环境。加快创新政策的供给，努力形成创新活力竞相迸发、创新价值充分体现、创新成果有效保护的制度环境，加强知识产权保护和运用，促进科技成果转化和产业化，鼓励人才、资本、信息、技术等各类创新要素参与利益分配，以市场化的价值回报创新价值。推动制造业跨领域行业协同创新，加快政产学研用深度融合，优化政策激励企业创新发展的方式，充分发挥产业投资基金作用。定期开展制造业政策实施情况和实施效果的全面评估，广泛听取企业、专家和社会公众的意见建议，委托研究机构、中介评估机构对制造业重要的产业政策开展第三方评估，根据评估结构动态调整不符合新形势新要求的产业政策，对失去效用或是效用甚微的政策要及时清理，不断提高产业政策的针对性、时效性和可操作性。完善支持中小企业发展的基础性制度，破除歧视性门槛和限制，使中小企业在公平公正的环境中发展，让大中小企业和国有、民营等各种所有制经济能够权利平等、机会平等、规则平等。强化信息披露和引导，主动公开涉及制造业发展的相关政策，加强政策解读，引导企业投资建设和生产经营预期。

（二）加强和改进事中事后监管

加强和改进事中事后监管是营造公平竞争市场环境、促进优胜劣汰、激发市场主体活力的基础性工程，必须厘清政府和市场的边界，明确监管范围。政府在开展宏观调控、市场调节等宏观经济管理活动时，应避免对市场主体、市场行为进行直接干预，不该干的事情坚决不插手，把主要精力放在掌舵领航和当好裁判上，实现政府和市场各归其位、各司其职。建设完善高效的监管信息平台，强化部门间协同监管合力，形成跨部门联动反应、综合执法、失信惩戒与信息互通的协同监管机制。充分发挥行业协会、商会的桥梁作用，发挥利用会计师事务所、检验检测认证机构等中介机构的专业优势，健全公众参与和舆论监督机制，调动社会各方面力量参与市场监管的积极性。完善管理制度体系，重点明确纳入事中事后监管的内容，逐步健全监管流程和规范，合力确定监管的强度和频次，加强新技术在事中事后监管中的应用，及时发现苗头性、倾向性问题。信用体系建设是加强和改进事中事后监管的关键，探索建立东北地区统一的信用信息共享交换平台，努力拓宽信用信息来源覆盖面，推进多方参与的信用监管和失信惩戒机制建设，提高信用评价的真实性和有效性，加大失信惩戒的协同性和震慑力。

（三）大力弘扬企业家精神

企业家是制造业高质量发展的主体，政府和社会各方面应尊重和激励企业家干事创业。从政府的视角来看，要落实构建"亲""清"政商关系的要求，既要主动打通政企沟通的"最后一公里"，畅通沟通渠道，又要筑牢政商交往防线，规范交往行为。政府有关部门的工作人员要坚持以经济建设为中心，以服务地方经济发展为目标，主动与企业家交往，树牢服务意识，积极了解企业经营情况，关注企业家的所思所想，把解决企业的实际困难作为工作目标，制定涉企政策要多听企业家的意见和建议，要与企业建立良性互动的工作关系。从企业的视角来看，企业要把政府作为自身发展壮大的有力保障，企业家要主动同政府工作人员沟通交流，反映情况、解决问题，依法维护和实现自身合法利益。从社会舆论的视角来看，对企业家合法经营中出现的失误失败要给予更多理解、宽容和帮助，对国有企业家以增强国有经济活力和竞争力等为目标，在企业发展中大胆探索所出现的失误，只要不违规违法，要予以宽容。完善企业家参与国家重大战略实施的机制，鼓励企业家积极投身新时代东北全面振兴全方位振兴之中，使其更多地参与东北地区制造发展投资。企业家应主动承担社会责任，社会层面要促进企业家荣誉感和使命感的提升，支持企业家奉献爱心、积极参加社会慈善事业。企业家要有致富思源的情怀，在东北地区制造业高质量发展和东北全面振兴、全方位振兴中发挥更大作用。

二、充分发挥企业的市场主体作用

坚持和完善社会主义基本经济制度，充分发挥市场在资源配置中的决定性作用，推动有效市场和有为政府更好地结合。为应对东北地区制造业竞争力出现的下行趋势，应制定科学合理的产业发展战略和规划，推动制造业持续稳定发展。应对制造业发展予以大力支持，充分发挥企业的市场主体作用，支持国有企业和民营企业深入推进科技创新，提升产品的质量和水平。要进一步深化国企改革，提高运行效率，大力支持民营企业的发展，鼓励和引导一些优势行业"走出去"，助推东北地区制造业高质量发展。

（一）深化国企改革，提高运行效率

目前，东北三省制造业的大部分企业尤其是装备制造业，其龙头企业或骨干企业均为大型国有企业。在制造业领域，国有企业在产业政策、生产规模、企业制度等方面具有优势，能够很好地应对大规模的市场需求。但是国有企业占比过高也给制造业发展带来了体制僵化、投资效率偏低、经济活力不足等问题，并且已经对东北地区制造业竞争力造成了负面影响。深化国企改革，是现阶段制造业发展面临的一个核心问题。政府应该对一些符合条件的企业进行战略性重组，加快制造业企业体制改革进程，充分激发企业活力，使市场机制能够发挥在资源配置中的决定性作用，优化国有企业资产配置。要发挥"央企"和地方龙头国有企业在引领技术创新和推动配套协作中的重要作用，联合上下游企业，整合创新资源要素，采取政府支持、股权合作、成果共享的市场化运作机制模式，推动产业链水平整体跃升。充分发挥市场机制的功能作用，促使国有企业从内而外改变经营思路、不断完善管理机制、提高生产和经营效率，积极主动地参与到市场竞争之中。同时，推进国有企业改革能够很好地引导国有资本的流向，将资金集中于高新技术开发、高

端设备的研究和开发工作,提高公共投资效率,更好地发挥国有资本在国民经济中的支撑引领作用。

(二) 大力支持民营企业发展

国有企业和民营企业既存在着竞争,也存在着协作,应各自发挥优势,共同促进制造业发展。民营企业是制造业的主力军和突击队,民营制造企业发展方式转变与否、发展质量如何直接决定了东北地区制造业发展质量的高低。在推进体制改革的过程中应鼓励民营企业进入制造业领域,扶持中小企业发展,不断为制造业注入新鲜血液,发展壮大社会资本力量。东北地区的非国有经济存在发展缓慢、市场主体活力不足的问题,民营企业规模小、发展质量不高,这在一定程度上制约了东北地区制造业的发展步伐。要引导民营企业特别是制造业领域民营企业深化改革,鼓励其探索建立中国特色社会主义现代企业制度,推动民营企业加强与世界一流企业和实力较强的国企进行交流合作,提升经营能力和管理水平。要加快制造业民营企业转型升级优化重组,鼓励民营企业参与国有企业重大投资、成果转化和资产整合项目,引导中小企业走"专精特新"发展之路,实施制造业专精特新产品、专精特新中小企业和专精特新小巨人企业培育计划,围绕制造业领域,培育一批专精特新企业、冠军企业、小巨人企业,不断增加企业数量和规模。同时,大力发展雏鹰、瞪羚、独角兽、啄木鸟企业。推动更多重大科技项目基础设施、科研仪器设备等科技资源向民营企业开放共享,使民营制造企业不断发展壮大,推动东北地区的制造业走向更加广阔的舞台。

(三) 引导优势行业"走出去"

在经济全球化的背景下,"一带一路"建设为东北地区制造业发展提供了新的契机。政府应充分利用"一带一路"向北开放窗口的区位优势,顺应制造业发展特点规律,引导制造业企业加强与"一带一路"共建国家的国际产能合作,在国际竞争中提升自身竞争力。结合东北地区制造业发展的重点领域,积极引导航空装备、汽车、重大成套装备、机器人、智能装备、先进轨道等行业通过对外直接投资等形式拓展海外市场，实现整个产业在全球价值链的地位提升。东北地区拥有高端装备核心技术、共性技术及基础配套能力，在"一带一路"建设中具有明显优势。在深入分析国际市场需求的前提下，一些优势企业通过海外投资参与到国际竞争之中，能够加快制造业"走出去"的步伐，构建自我主导的全球价值链。在对外直接投资的过程中，不仅装备制造业特别是高端装备制造业能够"走出去"，一些传统制造业行业也能够在国际合作中实现转型升级。"一带一路"建设涉及的国家较多，不同国家资源禀赋情况具有很大差别，经济发展程度也各不相同，从资源高效利用的角度来说，东北地区制造业企业能够在海外投资和跨国合作中降低生产成本，获得更大的经济效益。例如，制造业企业通过"产业链集体出海""抱团出海""借船出海"等方式开展海外投资，可依托价值链优势，低成本并购国外企业，实现生产规模的扩张和核心竞争力的提升。

三、推动制造业实现创新发展

创新是引领发展的第一动力，是建设现代化经济体系的战略支撑。从现有的研究成果来看，科技创新能力是影响东北地区制造业竞争力的关键因素。目前，东北地区制造业在创新发展方面存在明显短板，提升创新能力是一项关键性举措。只有增强原始创新能力，解决核心技术"卡脖子"问题，才能真正实现高质量发展。在东北经济增长乏力的背景下，科技创新投入也将受到影响，从而导致制造业的自主创新能力不足。提升东北地区制造业竞争力的关键之一就是实现创新发展，从而达到提高企业的技术水平、科研能力、产品质量和服务能力的目的，激发制造业转型升级的内生动力。

（一）不断提升自主创新能力

从科技创新水平来看，东北地区制造业在国内处于中等偏下的水平，企业自主创新能力严重不足。提升自主创新能力是一个漫长的过程，从技术和设备的引进到消化吸收、从掌握新的知识到能够实现自主创新需要很长的时间，必须踏实走好每一步。在引进先进技术和高端设备方面，企业需要后续的技术指导和增值服务，以便熟练掌握操作流程和技术特点，保证生产的顺利进行，为技术创新打下坚实基础。从掌握新的知识到能够实现自主创新，不仅需要良好的硬件条件提供支持，也需要制造业企业积极发挥技术创新的主动性。首先，制造业企业应积极开展技术协作。在行业内部，积极开展科研合作活动，发挥各个企业在技术领域的专长，共享最新的行业信息，分析行业动态，相互带动。对于东北地区制造业企业来说，集思广益和合作研发有助于实现技术进步和自主创新。其次，加强企业与科研单位的合作。东北地区科研单位数量较多，高等院校、"大院大所"相对集中，但是企业与科研单位的联系不够密切，一些科研成果的本地转化率不高，"墙里开花墙外香"。在申请和参与科研项目的过程中，企业应与科研单位积极合作，在实践中提升科研能力。最后，强化东北地区制造业龙头企业在创新发展中的重要作用。推动区域内制造业明星企业与国际高新技术企业接轨，通过龙头企业的示范作用促使高新技术在行业内的快速传播与广泛应用，辐射区域内的其他中小型企业，全面提高东北地区制造业竞争力。

（二）积极构建"官产研"结合的创新环境

东北地区制造业企业以装备制造业为主，具有投资规模大、回报周期长、生产技术复杂等特点，良好的创新环境对提升创新水平有重要作用。基础研究是制造业企业提升科技创新能力的源头，但是其本身具有公共物品的性质，需要政府给予适当干预，不能完全由市场机制来决定基础研究活动的进行。相较于基础研究，应用研究的公共物品属性没有那么强，但是也具备较强的外部性，而且投资回报的周期比较长，不确定性风险较高，企业对应用研究的投资态度比较谨慎。因此，无论是基础研究还是应用研究，都离不开政府政策的大力支持。同时，要打通科研成果转化链，政府应积极引导，提升科技服务的市场化能力。以培育高效的科研成果转化为突破，完善科技成果转化体系，围绕重点产业引入头部企业，组建以企业为主体、高校和科研院所做支撑、各类创新主体互相融合的创新联合体。对于企业来说，"官产研"结合的创新环境是提升制造业竞争力的有效途径。

东北地区制造业的发展过程中缺少基础研究和科技平台，这抑制了企业创新发展的动力。以世界先进制造业强国德国为例，其基础研究和应用研究覆盖范围非常广泛，形成了技术转移和科学研发的网络体系，企业具备较高的自主创新积极性。东北地区需要学习国内外的先进经验，充分发挥政府在科研活动和经济活动中的作用，提高市场化水平，尽快构建以基础研究、高端技术、前沿知识为重点的科技创新中心。将制造业龙头企业、科研院所、重点高校和政府部门联合起来，从资金支持、技术攻关、管理运营等多个角度共同推进制造业的创新发展，逐渐形成制造业科技创新的网络体系和良性循环。

（三）增加科研投入，引进国外先进技术

在实现创新发展的过程中，如何保证科研投入的持续稳定增长是一个重要问题。依靠科技创新提高生产能力和市场竞争力是一项长期工作，其间需要大量的物质资本和人力资本投入。研发经费不足是制约制造业企业创新发展的主要因素，只有先妥善解决研发经费问题，才能谈到技术引进、产品创新、科技研发等问题。一方面，政府应多措并举支持制造业引进外资，加大对制造业重大外资项目要素的保障力度。针对科技含量高、投资需求大、具有战略意义的创新领域，政府可以予以适当的资金支持，鼓励企业创新发展。对于一些正处于研发攻坚阶段的项目，政府可以帮助企业组建外部专家团队，定期到企业开展指导工作，提升制造业技术水平和创新效能。另一方面，制造业企业应建立科学的科研投入机制。要将科研投入作为一项重点工作列入企业相关部门的考核范围，将有限的资金投入到与科技创新相关的领域之中，对企业引进技术设备、增加科研经费、招聘高端人才、增加新产品等关键环节实行妥善管理。

四、推进数字化网络化智能化发展

随着新一轮技术革命和产业变革的深入发展，技术更新迭代速度不断加快，人工智能、大数据、物联网等新一代信息技术正在加速重构全球产业链供应链，新技术、新业态、新模式层出不穷，数字化网络化智能化已经成为制造业转型升级的主攻方向。对于东北地区制造业发展而言，加快推进数字化网络化智能化升级势在必行，必须大力培育发展新动能，拓展制造业发展新空间，实现东北地区制造业高质量发展。

（一）加快智能工厂和数字化车间建设

顺应技术进步和产业升级趋势，基础条件好和需求迫切的产业集中地区、行业、骨干企业应围绕离散型智能制造、流程型智能制造、网络协同制造、工业云平台等方面，深入开展智能制造新模式示范推广。围绕制造业重点行业，加快数字化车间、智能工厂建设，着力提升智能制造关键技术装备的集成应用水平，促进制造工艺仿真优化、数字化控制、状态信息实时监测和闭环自适应控制。针对传统制造业关键工艺工序，广泛开展自动化、数字化改造升级，推广应用数字化技术、系统集成技术，进一步提高设计、制造和管理水平，努力提升发展的层次，尽早迈入中高端。加快智能制造关键技术装备及核心支撑软件的推广应用，继续提高生产装备和生产过程的智能化水平，发展较快的领域可以率先开展数字化车间、智能工厂的集成创新与示范应用。有基础、有条件的中小企业可以尝试生产线自动化改造，开展管理信息化和数字化升级。要发挥龙头企业引导带动中小企业自动化、信息化的促进作用，提升中小企业智能化水平。深入推进"互联网＋中小企业"，精准分析中小企业发展需求的信息化产品和服务，促进互联网和信息技术在生产制造、经营管理、市场营销各个环节中的应用，加快对接云制造，逐步构建起云制造平台和服务平台。

（二）　推进工业互联网平台建设与应用

东北地区各省之间形成共建互联网平台机制，以数据集成、平台管理、开发工具、建模分析等关键核心技术为重点，加快研究，突破瓶颈，打牢工业互联网平台发展的技术体系和产业体系基础，组织对工业互联网平台的适配性、可靠性、安全性等方面的试验验证，使平台功能不断完善、更加实用，更好地服务于东北地区制造业发展。工业互联网平台开展面向不同行业和场景的应用创新，为用户提供生产管理优化、协同设计制造、制造资源租用等各类服务，在创新中提升服务能力。推进工业互联网在制造业现场的应用，在复杂生产过程中提升设备联网和数据采集的质量和水平，实现企业各层级数据资源端到端的集成。企业通过工业互联网平台整合资源，完善构建设计、生产与供应链资源有效组织的协同制造体系，开展以用户个性化需求为目标的产品设计、生产制造，实现精准对接需求，提升产品服务增加值。低成本、模块化的工业互联网设备和系统逐步在中小企业中普及，提升中小企业数字化、网络化基础能力，中小企业充分利用工业互联网平台的云化研发设计、生产管理和运营优化软件，实现业务系统向云端迁移，有效降低数字化、智能化改造的成本。

（三）　营造发展智能制造的生态体系

对接制造业企业智能制造发展需求，让装备、自动化、软件、信息技术等不同领域的企业加强合作，协同开展创新，使产业链各环节的企业分工协同，共同进行智能化改造，逐步在东北地区形成以智能制造系统集成商为核心、各领域领先企业协同共进、一大批定位于细分领域的"专精特新"企业深度参与的智能制造生态体系。以技术和资本为纽带，组建产学研用联合体或产业创新联盟，其发展目标是成为智能制造系统解决方案供应商。装备制造企业应以装备智能化为突破口，向系统解决方案供应商转变。规划设计机构以车间或工厂的规划设计为基础，延伸业务链条，向数字化车间、智能工厂总承包业务发展。自动化、信息技术企业通过业务升级，逐步向智能制造系统解决方案供应商转变。制造业发展水平较好的地区在率先实现优势产业智能转型后，积极促进制造业欠发达地区结合实际，加快制造业自动化、数字化改造，逐步实现东北地区制造业智能化发展。依托互联网技术搭建制造资源协同平台，加快区域间创新资源、设计能力、生产能力和服务能力的集成和对接，实现区域间优势资源互补和资源优化配置。

五、加大金融财税支持力度

作为资本密集型的产业，制造业发展尤其需要持续稳定的资金支持。全面提升东北地区制造业竞争力，需要加大金融财税支持力度，充分发挥政府对经济活动的调控作用，将有限的政策资金用在推动制造业高质量发展的"刀刃"上。充分利用金融发展的契机，拓展制造业企业的融资渠道，鼓励政策性金融、开发性金融、商业性金融，探索支持东北地区制造业发展的有效模式，推动产业资本和金融资本融合发展。政府出资鼓励企业积极开展自主研发工作，提高产品智能化水平，在市场竞争中抢占优势地位。立足于东北地区制造业在专用设备、电气机械及器材制造等方面的优势，筛选出发展前景好、科技含量高、示范作用强的重点项目，积极争取国家政策支持。东北地区拥有较为完善的金融体系，应该持续发挥金融政策对制造业发展的积极作用，鼓励以商业银行为代表的金融机构为制造业中的优质企业提供资金支持，允许重点装备制造企业发起设立金融租赁和融资租赁公司，设立东北振兴产业投资基金，助力重点项目的顺利实施，推动中小企业发展壮大。

（一）加大税收优惠力度

东北地区制造业发展面临着人才流失、科研能力偏低、产业结构失衡等问题，解决这些问题需要政府的政策支持。在税收方面，中央财政应进一步加大对东北地区一般性转移支付和社保、教育、就业、保障性住房等方面的财政支持力度，加大对制造业领域重点项目的支持力度。

实践中，政府可以通过税收优惠支持企业引进高水平人才，完善生产中的各项基础设施，加快技术转让、工艺创新、知识应用等工作，全面提高企业的核心竞争力。按照"十四五"发展规划的指引，政府应将制造业的发展方向与国民经济发展要求相结合，扶持具备发展潜力的制造业企业。同时，应采取积极行动，支持传统的制造业企业进行技术革新和设备改造。以税制改革方向为基础，结合不同税种的具体特征，不断完善税收优惠政策，针对符合国家发展战略的特定领域和重点企业开展工作，减轻企业资金负担，使其提高生产和经营效率。充分利用税收政策引导市场的投资活动，扶持新技术、新产业、新业态发展，培育高效能企业，加快制造业的结构调整。

（二）多方合作化解融资难题

融资问题是制约东北地区制造业发展的一个重要因素，需要政府、金融机构、企业形成合力，改善融资环境，提高融资效率。首先，在政府的引导下，东北地区需要加快建立多渠道、多元化的投融资机制。鼓励金融机构深入研究制造业的行业特点，根据市场的实际需求，设计出适用于企业的信贷支持产品，建立多层次的增信支持体系，分散投资风险，提高项目融资效率。其次，政府出面积极协调制造业企业融资问题，降低融资成本，提高资金流动效率。鼓励金融机构增加制造企业资金的投放，放宽在融资条件方面的各种限制，在利率等方面给予适当优惠。允许民营资本进入除涉及国家安全和必须由国家垄断以外的领域，参与制造业企业的经营活动，扩展资金来源。最后，拓展海外融资途径。目前，常见的海外融资方式主要包括国际商业银行贷款、国际金融机构贷款、在海外市场发行债券等。符合条件的企业可以在海外市场获得融资，这也是解决东北地区制造业融资难问题的有效对策。

（三）充分利用各类金融产品

目前，银行贷款是东北地区制造业企业最常见的融资方式，产业基金、金融租赁等其他金融产品没有得到充分利用。为引导制造业高质量发展，应建立专门支持东北地区制造业发展的产业基金。基金的资金来源以政府支持资金为主，其余部分以社会资本进行补充。借助产业基金的支持，制造业企业的研发费用得以保证，尤其是对于资金需求量巨大的装备制造业企业来说，充足的资金是提高研发能力的有力保障，也是提高企业竞争力的必要条件。产业基金具有一定政策意义，能够促进东北地区制造业实现高质量发展。此外，东北地区的装备制造业企业较多，设备更新是企业提升核心竞争力的重要手段。在资金紧张的前提下，金融租赁服务能够为企业更新设备、提高生产效率、优化资源配置提供便利条件。对于需要购置新设备的企业来说，租赁服务能够帮助企业改善现金流管理，降低一次性付费给企业带来的资金压力，使企业能够快速投入生产。对于拥有足够资源的企业来说，可以将设备租用给有需要的企业，并回收租金实现营收，同时还能够通过设备折旧抵扣所得税。

六、加强人才队伍建设

在东北三省制造业的人才储备方面，普遍存在缺乏高端人才、高级技术人员流失严重、专业人才储备不足、忽视人才培养工作等问题，因此迫切需要提升制造业的人力资本水平。专业人才是知识积累和技术进步的根本力量，重视人才队伍建设是提升东北地区制造业竞争力的重点工作。为此，本书认为东北地区应从以下几个方面入手，全面推进制造业相关领域的人才队伍建设工作。

（一）重视企业内部的人才培养工作

人才是企业实现长期发展的重要驱动力，企业间的竞争已经逐渐转化为人才的竞争。目前，东北地区制造业发展主要需要两种类型的人才：一种是技术类人才，他们具有丰富的生产经验，能够熟练操作各种设备；另一种是科研类人才，他们能够利用扎实的专业知识在技术创新领域作出一定成果。除了采取积极措施引进外部人才之外，企业还应建立完善的内部人才培养机制。首先，企业要承担起人才培养的责任，为员工营造良好的学习氛围。在日常工作之余，企业应提供专门的职业技能培训，传授新技术和新设备的相关知识，提升员工的实际操作水平，从而提高企业的运作效率和生产能力。其次，针对制造业需要大量技术人才的现实需求，企业可以采取适当的竞争和激励机制，激发员工的积极性。通过组织技能比赛、专业能力测试等方式筛选出特定领域的高水平人才，并给予一定奖励，鼓励员工积极学习专业技能，逐渐提高技术操作水平，不断壮大企业人才队伍。最后，鼓励内部员工通过脱产学习、继续深造、参观考察等方式提升个人素质，以培养更多的科研类人才。随着知识更新的速度不断加快，各类专业人才将面临知识结构不合理、知识老化等问题，企业应积极引导各类人才拓展学习空间，树立"终身学习"的意识。

（二）加大投入，广纳贤才

东北地区要建立高素质的人才队伍，就应该把引进人才、培养人才、留住人才、用好人才放在优先位置。应将眼光放长远，广泛吸纳国内外优秀人才，尤其是制造业领域的专业技术人才。首先，需要加大人才招聘的力度，展现出诚聘英才的诚意。由政府部门牵头，以企业为主体，向东北三省之外的区域进行宣传和推介，提高企业知名度，吸引专业人才到东北地区就业和创业。对于某些领域急需的高端人才，应当在薪酬绩效、职业晋升、生活补助等方面予以一定优待，根据所在地区的客观情况，妥善解决应聘者的实际问题，如住房补助、子女教育、配偶工作等。鼓励优质制造业企业到省外区域设立分支机构，这有助于克服地域因素，就地招揽优秀人才。其次，通过跨区域合作，缩小制造业发展差距。在条件成熟的情况下，加强东北地区制造业企业与域外企业的合作。通过互派交流、合作研发、考察学习等形式，引入先进技术和前沿知识，努力跟上发达地区制造业发展的步伐。最后，采取有效措施解决东北地区制造业企业人才流失问题。从薪酬制度、绩效考核、企业文化等方面入手，提高员工的工作积极性，增加员工与企业之间的联系，减少人才流失。通过完善奖惩制度和公正透明的晋升机制，让员工的努力得到认可，促使其发挥自身主观能动性。与此同时，重视企业文化建设，在日常工作之余关注员工的各种需求，让员工拥有强烈的归属感。

（三）做好人才储备工作

人才是经济社会发展的最重要资源，是最稀缺的战略资源，也是制造业高质量发展的重要人力支撑。从发达国家的经验来看，培养制造业领域的专业人才需要从做好人才储备工作开始。东北地区的教育资源比较丰富，拥有众多的高等教育学校和职业培训学校，这为制造业的人才储备提供了便利条件。

首先，应深化人才发展体制机制。健全完善培育引进、评价激励、流动配置等机制，研究制定用人主体引才用才政策，出台柔性引才办法，创新地激励人才，提高科研人员、高技术人员的收入，激发用人主体的积极性。其次，要优化制造业人才发展环境。加强人才服务窗口建设，在创新创业、安家落户、子女教育、医疗、养老等方面，加大对人才的服务力度，创造人才落户的基本条件。最后，加强校企合作。一是注重加强制造业企业与专业院校的联系，联合培养专业人才。这样既能够让企业充分利用学校的教育资源，又能够解决学校的后顾之忧，提高毕业生的就业率。一些职业学校应该设置制造业相关课程，注重实践能力的培养，为企业输送技术人才。根据制造业的需求，培养"订单式"人才，让学生在学校期间就能够提前了解企业的生产过程，提前进行专业实践。这样一来，从这些院校毕业的学生就能够快速进入角色，逐渐成为操作能力突出的高级技术人才。二是对于科研院校来说，加强与企业合作有助于选拔优秀人才，提高科研成果的转化率。科研人才对制造业企业十分重要，但由于企业的科研条件有限，所以来自科研院校的支持尤为重要。科研院校不仅可以利用其自身优势，为企业定向培养科研人才，也可以成立专家团队帮助企业解决实际问题。从企业的角度来说，参与学校定向培养的学生综合能力更强，能够很快适应工作节奏。企业可以根据制造业发展趋势向学校提出人才培养建议，通过增设课程、实践活动、参与实习等方式提高学生综合素质。在这种培养机制下，学生在走向工作岗位之前就已经掌握了制造业相关知识，并且拥有一定实操能力，节约了企业的培训时间和成本。

七、加快制造业集群化发展

集聚优势意味着区域内的制造业能够通过规模效应实现更好发展，进而对制造业竞争力产生重要影响。从发达国家的经验来看，集群化是制造业发展的基本规律，是制造业向中高端迈进的必由之路，也是提升区域制造业竞争力的内在要求。自 2019 年国家先进制造业集群竞赛启动以来，工信部搭建起集群间相互比拼的"赛场"，先后进行两轮集群竞赛，并在 2021 年 3 月公布了 25 个先进制造业集群竞赛决赛优胜者名单。名单中的产业集群代表国内制造业集群的最高水准，然而作为老工业基地的东北地区却没有产业集群入围，说明东北地区制造业发展存在严重"短板"，急需采取有效措施，加快制造业集群建设。

（一）提高制造业企业综合实力

培育东北地区制造业集群，按照"点—线—面"的原则，从发展壮大集群成员开始，增强企业之间的交流合作，最终形成一个相互联系的网络构架。首先，制造业集群中的"点"是指制造业企业，形成区域内的制造业聚集效应需要拥有一定规模的集群成员。一方面要聚焦区域内制造业企业，采取积极的措施推动新兴产业集群快速发展，引导传统产业集群转型升级。另一方面要加大招商引资力度，通过外部资源的流入，为制造业发展提供源源不断的动力，促使集群自身孵化出新的企业，壮大制造业企业队伍。其次，发挥领军企业的带头作用。现阶段长三角、珠三角等地区制造业集群化发展趋势比较好，东北地区制造业集群建设明显落后。为突破这种局面，需要筛选一些规模较大、竞争优势明显、综合实力较强的制造业企业，发挥示范效用，以领军企业的发展壮大辐射其他企业。最后，提高中小型企业的生产能力。中小型企业虽然规模较小，但是固定成本低、生产方式灵活、能够较快调整生产计划，通过打造专业化、科技化、精确化的中小企业群体，为大型企业生产专供配件，能够更好地实现专业分工，提高生产效率。将零部件、配套材料等生产工作释放给中小型企业，既能将有限资源集中于重点项目，也能为中小型企业发展带来发展契机。

（二）增强制造业企业之间的联系

东北地区的制造业发展基础牢固，尤其是在装备制造业方面拥有比较完整的体系。在制造业生产环节中缺乏生产配套产品的企业，一些配件需要从外省引入，这不仅造成了资源的浪费，也制约了区域内制造业企业生产能力提升。首先，东北地区应该发挥大型装备制造企业的优势，围绕着产业链的价值需求，培养一批生产各种配套设备的企业群，使制造业发展的前、中、后端相互搭配和衔接，实现大、中、小型企业各尽其能，充分利用各种生产资源，提高行业整体的生产能力。其次，加强"政、产、学、研"之间的联系，形成联动机制。东北地区拥有一批全国重点建设的制造业企业，但是区域内各机构的联动性较差，尚未充分发挥制造业的集聚优势。这就需要一些机构发挥"织网人"的作用，使政府、企业、学校和科研机构能够各司其职，通过成果展示、交流合作、咨询服务等方式推动制造业集群建设。最后，在政府的引导下，打破行业与部门的界限，搭建交流合作平台。在制造业发展的过程中，企业面临的很多问题是共性的，建立有效的沟通机制是解决实际问题的有效渠道。通过整合区域内资源，搭建交流合作平台，能够帮助企业实现高效运转，全面提升集群的核心竞争力。

（三）坚持突出重点和特色

东北地区拥有较多的制造业基地，但是其中企业简单扎堆、集而不群的问题比较突出。在这种情况下，虽然表面上将制造业企业聚在一起，但是并未达到企业之间有效分工合作、相互协同的效果，甚至有可能出现重复生产、相互排挤、抢占资源的恶性竞争局面。因此，东北地区应该在扩大制造业集群规模的同时，坚持突出重点和特色，逐渐实现融合发展。一方面，制造业基地应充分利用东北地区的优势资源，依托现有的生产能力和科技能力，培育出一批拥有高新技术和知识产权的世界知名企业。重视品牌建设，加强产品的设计、包装、注册、宣传等环节，争取在全球价值链中占据有利地位，打造具有东北特色的先进制造业基地。另一方面，应聚焦重点项目，大力推动信息技术应用创新，构建先进装备制造研发基地。目前东北地区缺乏高附加值、高新技术产品的研发基地，这严重制约了制造业的高质量发展。立足于新发展理念，东北地区应加快构建先进装备制造研发基地，以信息化、智能化、集成化为突破口，逐渐形成以先进制造业为核心的产业体系，全面提升制造业引领力和整体竞争力。

八、推进制造业绿色发展

习近平总书记在 2020 年第 75 届联合国大会上提出，我国力争在 2030 年前实现"碳达峰"，2060 年前实现"碳中和"。"碳达峰、碳中和"主要是构建清洁低碳安全高效的能源体系，控制化石能源总量，提高利用效能，实施可再生能源替代行动，深化电力体制改革，构建以新能源为主体的新型电力系统。国家提出"碳达峰、碳中和"战略目标后，煤炭等化石能源在能源使用结构中的占比逐步下降已是大势所趋，绿色发展正逐渐成为我国经济社会发展的风向标，也为制造业实现结构性调整和发展方式转型提供了很好的平台。对于东北地区制造业发展而言，推进绿色发展是重点也是难点，绿色发展是东北地区制造业可持续发展的内在要求，是实现制造业和东北地区相对脆弱的生态环境和谐发展的根本途径，也是实现东北地区制造业高质量发展的必由之路。

（一）大力推动能源绿色化

把优化能源消费结构作为推进制造业节能的重要途径，对于一些高耗能行业，要用节能环保的理念，采取一定的先进技术淘汰落后产能，对过剩产能进行化解。大力支持发展能耗低、污染少的先进制造业。相对于煤炭、石油等不可再生资源，天然气、水电、核电等属于可再生的清洁能源，发展这些能源既做到了节能环保，又实现了可持续发展，有利于节约资源，推进制造业能源消费结构绿色低碳转型。在东北地区制造业领域全面推进节能技术改造，推广节能先进技术，对锅炉、电机、变压器等通用设备优先开展能效提升工程，深入实施系统节能改造，将先进节能技术集成优化运用，推动制造业节能从局部、单体节能向全流程、系统节能转变。加强能源的循环回收和再利用，中低品位的余热余压用于发电、供热以循环利用，钢铁、化工等行业企业的余热量较大，本企业消耗不尽的可以用于城市供暖等，以促进产城融合。促进中小制造业企业节能管理意识的提升，必要时可以搭建公共服务平台进行节能宣传。

（二）扎实推进清洁生产

以东北地区的钢铁、建材等行业为重点，围绕二氧化硫、氮氧化物、氨氮、烟粉尘等污染物进行清洁生产技术改造，可以采取控制煤炭消费量、更新生产设备、对能源进行脱硫脱硝处理、推广节能技术等方式，加快清洁能源替代高污染能源。大力推广绿色基础制造工艺，降低污染物排放量和排放强度。多措并举降低河流废水的排放总量，降低氨氮等污染物的排放强度。土壤污染也是制约东北地区制造业发展的一个重要问题，要从污染源头开展防治，相关制造业企业应加快运用先进的土壤修复技术，有效治理受污染土壤。钢铁、化工、造纸等制造行业用水量较大，节水技术应用是清洁生产的重要一环，应把节水意识作为重要的企业文化进行培育，使节水意识贯穿企业生产全流程各方面，引进应用节水技术和装备，优化工艺流程，强化用水管理，注重运用废水处理循环利用系统，提高用水效率。在这方面，可以学习借鉴发达国家的特许经营和委托营运等模式，开展专业化节水管理。政府要发挥好"撮合"作用，在钢铁、化工、造纸等企业相对集中的园区内组织集约用水，在水资源梯级利用、废水集中处理等方面促进企业间实现合作共享，使其有效利用中水、再生水，收集转化雨水。对水质要求较低的企业可循环利用城市中水，探索产城融合的新路径。

（三）加快绿色制造产业发展

绿色制造是近年来在全世界范围内兴起的新概念，也被称为环境意识制造、面向环境的制造等。绿色制造综合考虑环境影响和资源效益，致力于实现产品生产使用全周期对环境的影响最小、资源利用率最高，企业效益和社会效益共赢。发展绿色制造产业，要在设计、制造、包装、运输、使用到产业报废等环节进行绿色管理，打造绿色产业链供应链，构建起绿色制造体系。在设计环节，要以资源消耗低、环境影响小、可再生利用为目标，开展绿色设计，为绿色生产和绿色消费提供方向和路径。在生产环节，要以工艺洁净、资源循环利用、能源低碳节约为目标，按不同行业分类建设绿色工厂，对既有厂房和设备进行绿色改造，逐步实现生产全流程绿色化。在污染治理上，要统筹治理水、气、固体等污染物，尽可能资源化利用、无害化利用，同时要重视生产环境绿色化，降低噪声和振动，创造更好的生产环境。在绿色园区建设上，要以搭建服务平台、集聚绿色企业、构建绿色产业链为方向，优化布局和结构，促进园区企业间发展循环经济，以税收"亩产"论英雄，提高园区工业用地使用效率。

参 考 文 献

［1］鲍振东等. 辽宁工业经济史［M］. 北京：社会科学文献出版社，2014.

［2］蔡昉，王德文，王美艳. 工业竞争力与比较优势——WTO 框架下提高我国工业竞争力的方向［J］. 管理世界，2003（2）：58－63＋70.

［3］曹萍，张剑，熊焰. 基于产业竞争力的软件产业安全评价［J］. 科技管理研究，2017（2）：176－181.

［4］陈红儿，陈刚. 区域产业竞争力评价模型与案例分析［J］. 中国软科学，2002（1）：100－105.

［5］陈虹，李赠铨. 中国先进制造业国际竞争力的实证分析［J］. 统计与决策，2019，35（7）：154－157.

［6］陈伟，潘莉颖，林超然. 基于典型相关分析法的知识密集型制造业竞争力研究［J］. 学习与探索，2021（3）：113－119.

［7］陈晓亮. 长江经济带省域竞争力评价及实证分析［J］. 统计与决策，2020，36（17）：82－85.

［8］陈晓声. 产业竞争力的测度与评估［J］. 上海统计，2002（9）：13－15.

［9］陈耀，曾铮，冯超. 中国东南沿海地区制造业差异与升级策略［J］. 开发研究，2009（5）：9－13.

［10］程冬冬. 制造业结构优化对经济增长的影响分析——基于江苏省制造业的研究［J］. 特区经济，2015（2）：43－48.

［11］程乾，方琳. 生态位视角下长三角文化旅游创意产业竞争力评价模型构建及实证［J］. 经济地理，2015（7）：183－189.

［12］仇保兴. 城市定位理论与城市核心竞争力［J］. 城市规划，

2002（7）：11 – 13 + 53.

［13］崔艳娟，王杰，裴雪峰. 区域装备制造业产业竞争力评价体系研究［J］. 科技管理研究，2009，29（12）：100 – 102.

［14］戴卫东，赵丽丽，秦亚菲. 沈阳市装备制造业两化融合指标体系研究［J］. 经营与管理，2015（3）：107 – 109.

［15］戴翔. 中国制造业国际竞争力——基于贸易附加值的测算［J］. 中国工业经济，2015（1）：78 – 88.

［16］邸奎. 国外机械产品竞争力评价方法简介［J］. 国际贸易，1983（2）：31 – 33.

［17］丁玉芳，单广荣. 基于模糊评价的企业核心竞争力研究［J］. 统计与决策，2009（19）：178 – 179.

［18］窦钱斌，李孜. 中国制造业出口技术含量增长来源——基于产品—市场维度的结构分解［J］. 国际贸易问题，2021（7）：37 – 53.

［19］杜文忠，崔艳丽. 装备制造业上市公司竞争力评价——基于因子分析与改进的 TOPSIS 法［J］. 财会通讯，2017（2）：56 – 59.

［20］冯严超，王晓红. 智力资本、生态环境与区域竞争力——基于 PLS – SEM 和 PLS – DA 的实证分析［J］. 科技管理研究，2018，38（15）：93 – 98.

［21］付书科，陈梓清，鲁庭婷，邓倩逸. 技术创新对中国制造业竞争力的影响研究［J］. 商业经济研究，2017（12）：166 – 168.

［22］高艳，马珊，张成军. 产业集聚视角下制造业国际竞争力研究［J］. 统计与决策，2019，35（21）：131 – 134.

［23］高怡冰，林平凡. 区域核心竞争力与全要素生产率的动态关联性研究［J］. 科技管理研究，2014，34（16）：46 – 50.

［24］官俊涛，袭著燕，孙林岩. 制造业竞争力的评价与演变——58个国家与地区的表现［J］. 山西财经大学学报，2007（12）：48 – 52.

［25］龚雪媚，汪凌勇，董克. 基于 SFA 方法的区域技术创新效率研究［J］. 科技管理研究，2011（16）：57 – 62.

［26］韩海燕，任保平. 黄河流域高质量发展中制造业发展及竞争

力评价研究 ［J］. 经济问题，2020（8）：1－9.

［27］韩会丽，孙晓雅. 基于层次分析法的高端装备制造业行业竞争力评价 ［J］. 中国集体经济，2020（22）：89－90.

［28］韩美琳，徐索菲，徐充. 东北地区制造业智能化转型升级的制约因素及对策思考 ［J］. 经济纵横，2020（4）：104－109.

［29］韩延玲. 经济全球化视角下的新疆区域竞争力多维评价与对策研究 ［M］. 北京：经济科学出版社，2014.

［30］何平，陈伟，李传云，冯志军. 航空航天制造业竞争力构成要素及提升对策 ［J］. 求索，2017（8）：103－108.

［31］何郁冰，韩秋敏，曾益. 自主创新对于中国制造业国际竞争力的影响 ［J］. 科研管理，2019，40（7）：33－46.

［32］洪银兴. 新编社会主义政治经济学教程 ［M］. 北京：人民出版社，2018.

［33］胡国良，李洁. 全球经济"再平衡"与中国制造业竞争力再造——兼论人民币升值对制造业转型升级的倒逼机制 ［J］. 江海学刊，2017（6）：223－228.

［34］黄伟，张阿玲，张晓华. 我国区域间产业竞争力比较研究 ［J］. 商业经济与管理，2005（9）：24－31＋57.

［35］贾若祥，刘毅. 产业竞争力比较研究——以我国东部沿海省市制造业为例 ［J］. 地理科学进展，2003（2）：195－202.

［36］江茜，王耀中. 生产性服务业集聚与制造业竞争力 ［J］. 首都经济贸易大学学报，2016（1）：74－80.

［37］姜彤彤，吴修国. 基于 AHP 的文化产业竞争力评价模型研究——借鉴钻石模型理论和可持续发展思想 ［J］. 云南财经大学学报，2011（6）：126－134.

［38］蒋选，周怡. 先进制造业选择标准及建设制造强国的发展路径 ［J］. 理论探讨，2018（3）：102－108.

［39］蒋雨晨，徐君. 江苏省区域软实力评价：理论框架与实证研究 ［J］. 科技与经济，2021，34（6）：6－10.

［40］金碚．产业国际竞争力研究［J］．经济研究，1996（11）．

［41］金碚．论企业竞争力的性质［J］．中国工业经济，2001（10）：5-10．

［42］金芳，苏倩，梁益琳．山东省制造业细分产业竞争力分析——基于新旧动能转换视角［J］．经济与管理评论，2020，36（3）：152-164．

［43］李琳，王足．中国区域制造业绿色竞争力评价及动态比较［J］．经济问题探索，2017（1）：64-71．

［44］李天芳，郭亚锋．中国装备制造业竞争力提升的现实困境与路径选择［J］．改革与战略，2017，33（7）：152-155．

［45］李相银，韩建安．中国装备制造业区域竞争力比较［J］．经济纵横，2003（8）：7-12．

［46］李晓丹，吴杨伟．中国制造业分行业贸易竞争力再测算——基于RCA指数与NRCA指数的比较［J］．调研世界，2021（1）：39-47．

［47］梁树广等．基于钻石模型的区域制造业质量竞争力评价［J］．统计与决策，2020，36（23）：173-177．

［48］刘彬彬．东北地区装备制造业全要素生产率的测度及提升路径研究［J］．经济纵横，2020（1）：106-112．

［49］刘昌年，张银银．中国高新技术产业竞争力评价研究［J］．工业技术经济，2014（4）：28-35．

［50］刘兰剑，王晓琦．创新路径、技术密度与制造业国际竞争力之间的关系——基于17个行业的实证研究［J］．中国科技论坛，2020（10）：114-121+141．

［51］刘磊，关权．中日韩制造业国际竞争力比较——基于国内技术含量的视角［J］．现代日本经济，2019（5）：55-69．

［52］刘兆国，王云凤．全球价值链视角下日本制造业国际竞争力分析及其对中国的启示［J］．当代经济研究，2021（5）：82-92．

［53］陆辉．产业集群演进发展的战略思考——基于循环经济观点的分析［J］．经济论坛，2008（24）：4-5+12．

[54] 吕云龙，吕越. 制造业出口服务化与国际竞争力——基于增加值贸易的视角 [J]. 国际贸易问题，2017 (5)：25 – 34.

[55] 罗晓梅，黄鲁成，王亢抗，乔铮. 区域新兴老年科技制造业竞争力评价研究 [J]. 中国软科学，2020 (2)：49 – 58.

[56] 马赛. 中国对外直接投资对东道国产业竞争力的影响——基于"一带一路"沿线国家 [J]. 中国科技论坛，2020 (7)：180 – 188.

[57] 马卫红，黄繁华. 长三角、京津冀、珠三角制造业竞争力比较——基于偏离—份额分析法 [J]. 山西财经大学学报（高等教育版），2010，13 (12)：1 – 11.

[58] 马小丽，孟凡云，吴美琳，陈鹏. 解析四川制造业竞争力短板 [J]. 四川省情，2020 (10)：45 – 47.

[59] 毛泽东. 毛泽东著作选读（下）[M]. 北京：人民出版社，1986.

[60] 明星，胡立君，王亦民. 基于聚类分析的区域装备制造业竞争力评价研究 [J]. 宏观经济研究，2020 (6)：114 – 121.

[61] 倪鹏飞. 中国城市竞争力的分析范式和概念框架 [J]. 经济学动态，2001 (6)：14 – 18.

[62] 牛建国，张世贤. 全球价值链视角下的中国传统制造业国际竞争力与要素价格影响的非线性效应研究——以纺织、鞋、服行业为例 [J]. 经济问题探索，2019 (8)：81 – 91.

[63] 裴长洪，王镭. 试论国际竞争力的理论概念与分析方法 [J]. 中国工业经济，2002 (4)：41 – 45.

[64] 彭爽，李利滨. 中国产业国际竞争力再估算——基于比较优势与竞争优势的实证分析 [J]. 江西社会科学，2018，38 (4)：61 – 69.

[65] 齐阳，王英. 基于空间布局的中国装备制造业产业竞争力评价研究 [J]. 经济问题探索，2014 (8)：110 – 115.

[66] 千庆兰. 区域产业竞争力的理论及其评价研究综述 [J]. 广州大学学报（自然科学版），2006 (5)：69 – 76.

[67] 秦惠敏，徐卓顺. 东北地区制造业产业转型及优化升级的重

点领域研究 [J]. 当代经济研究，2016 (6)：85 - 92.

[68] 任保平，张倩. 黄河流域高质量发展的战略设计及其支撑体系构建 [J]. 改革，2019 (10)：26 - 34.

[69] 任保平. 新时代中国制造业高质量发展需要坚持的六大战略 [J]. 人文杂志，2019 (7)：31 - 38.

[70] 任同莲，齐俊妍. 生产性服务投入与制造业国际竞争力——基于 WIOD 的跨国行业数据检验 [J]. 现代经济探讨，2020 (5)：52 - 61.

[71] 邵军，吴晓怡. 进口开放是否提升了中国制造业国际竞争力？——基于关税减让的分析 [J]. 世界经济研究，2014 (12)：16 - 21.

[72] 邵慰. 中国装备制造业竞争力提升策略研究 [J]. 中国科技论坛，2012 (2)：48 - 52.

[73] 苏红键，李季鹏，朱爱琴. 中国地区制造业竞争力评价研究 [J]. 中国科技论坛，2017 (9)：114 - 122.

[74] 苏珊娜·伯杰. 重塑制造业 [M]. 廖丽华译. 杭州：浙江教育出版社，2018.

[75] 孙婷，余东华，张明志. 技术创新、资本深化与制造业国际竞争力——基于环境规制视角的实证检验 [J]. 财经论丛，2018 (1)：3 - 11.

[76] 唐晓华等. 东北老工业基地新一轮产业结构优化——以制造业为例 [M]. 北京：经济科学出版社，2019.

[77] 唐晓华等. 振兴装备制造业研究 [M]. 北京：中国社会科学出版社，2012.

[78] 田晖，程倩. 创新是否有助于中国制造业抵御美国的进口竞争 [J]. 中国科技论坛，2020 (5)：145 - 153.

[79] 汪芳，柯皓天. 提升湖北省高技术产业竞争力路径的实证检验 [J]. 统计与决策，2019，35 (18)：64 - 67.

[80] 汪雪敏. 有效提升江苏制造业竞争力 [J]. 唯实，2020 (10)：58 - 63.

[81] 王秉安等. 区域竞争力理论与实践 [M]. 北京：航空工业出

版社, 1999.

[82] 王炳才, 田怡谦. 产业集群竞争力的影响因素与实证检验 [J]. 产业经济研究, 2007 (5): 29-38.

[83] 王健, 周彩红. 基于 SS 分析法的宁、苏、锡制造业竞争力分析 [J]. 科学决策, 2012 (6): 65-83.

[84] 王江, 陶磊. 装备制造业强国竞争力比较及价值链地位测算 [J]. 上海经济研究, 2017 (9): 78-88.

[85] 王军, 王瑞. 山东省制造业竞争力的比较研究 [J]. 东岳论丛, 2011, 32 (12): 95-99.

[86] 王连芬. 中国汽车产业竞争力研究 [D]. 长春: 吉林大学, 2005.

[87] 王伶. 湖北省 17 市 (州、区) 区域工业竞争力的动态评价——基于全局主成分分析法的测算 [J]. 湖北社会科学, 2021 (3): 77-83.

[88] 王蕊. 综合成本上升对辽宁装备制造业竞争力影响研究 [D]. 大连: 大连海事大学, 2014.

[89] 王恕立, 吴楚豪. 制造企业"服务化"能否提升出口国际竞争力?——来自中国制造企业的证据 [J]. 产业经济研究, 2020 (4): 16-31.

[90] 王婷婷, 宋飔, 钱思彤, 张瑜. 东北地区制造业空间格局演化及其空气污染环境效应——基于企业数据的实证 [J]. 地理研究, 2022, 41 (1): 193-209.

[91] 王孝莹. 中国制造业全球价值链地位提升策略研究 [J]. 河南社会科学, 2018 (3): 57.

[92] 王新安, 尹纪洋. 陕西省装备制造业国内竞争力评价研究——基于主成分分析法 [J]. 西安财经学院学报, 2016, 29 (4): 68-75.

[93] 王轶凡, 罗玉波. 江苏省制造业竞争力评价及发展建议 [J]. 经济知识, 2020 (1): 30-31+37.

[94] 王玉, 许俊斌, 南洋. 中国各地区制造业竞争力及其影响因

素的实证研究 [J]. 财经研究, 2011, 37 (2): 93-103.

[95] 王玉珍. 中国体育旅游产业竞争力研究 [D]. 北京: 北京体育大学, 2013.

[96] 卫迎春, 李凯. 我国制造业国际市场竞争力的发展趋势及其决定因素的实证分析 [J]. 国际贸易问题, 2010 (3): 99-104.

[97] 魏后凯, 吴利学. 中国地区工业竞争力评价 [J]. 中国工业经济, 2002 (11): 54-62.

[98] 温馨, 扈钰鑫, 殷艳娜. 供给侧改革下辽宁装备制造业竞争优势培育对策研究 [J]. 理论界, 2019 (2): 46-54.

[99] 吴姗姗, 张凤成, 曹可. 基于集对分析和主成分分析的中国沿海省海洋产业竞争力评价 [J]. 资源科学, 2014 (11): 2386-2391.

[100] 吴杨伟, 李晓丹. 要素投入与贸易竞争力——基于中国制造业的验证 [J]. 调研世界, 2020 (8): 10-18.

[101] 夏友富, 何宁. 推动中国装备制造业迈向全球价值链中高端的机制、路径与对策 [J]. 经济纵横, 2018 (4): 56-62.

[102] 萧烽, 王鹏, 陈国生. 基于TOPSIS法的长江经济带省域竞争力评价及区域差异影响因素研究 [J]. 经济地理, 2021 (8): 1-10.

[103] 肖军, 栾晓梅. 基于TOPSIS法的湖北文化产业竞争力评价 [J]. 统计与决策, 2015 (2): 80-82.

[104] 熊励, 顾勤琴, 陈朋. 数字内容产业竞争力指数评价体系研究——来自上海的实证 [J]. 科技进步与对策, 2014, 31 (18): 140-144.

[105] 徐斌. 江苏制造业竞争力研究: 基于新型制造业视角的竞争力分析 [M]. 北京: 科学出版社, 2009.

[106] 徐礼伯等. 新常态下的供给侧改革与中国产业结构升级——基于钻石理论视角 [J]. 江海学刊, 2016 (4): 78-85.

[107] 许京婕. 基于归因矩阵方法的中国产业竞争力测度研究 [J]. 闽南师范大学学报 (哲学社会科学版), 2021, 35 (4): 21-28.

[108] 严于龙. 我国地区经济竞争力比较研究 [J]. 中国软科学,

1998 (4): 109 – 128.

[109] 杨贵中. 中美产业竞争力比较研究 [J]. 改革与战略, 2014, 30 (2): 40 – 44.

[110] 杨珂玲, 彭跃, 朱冬辉, 刘国武. 我国区域经济国际竞争力评价研究 [J]. 统计与决策, 2015 (4): 68 – 71.

[111] 杨勇. 全球价值链要素收入与中国制造业竞争力研究 [J]. 统计研究, 2019, 36 (12): 5 – 14.

[112] 姚鹏, 葛晓莉. 老工业基地振兴政策对企业升级的促进作用研究 [J]. 经济纵横, 2022 (2): 77 – 88.

[113] 叶陈毅, 陈依萍, 张晶晶, 管晓. 京津冀区域制造业企业核心竞争力评价与提升策略研究 [J]. 武汉商学院学报, 2020, 34 (5): 23 – 28.

[114] 于明远, 范爱军. 生产性服务嵌入与中国制造业国际竞争力提升 [J]. 当代经济科学, 2019, 41 (2): 88 – 96.

[115] 余道先, 王露. 金砖国家服务贸易国际竞争力研究: 基于贸易增加值和全球价值链的视角 [J]. 世界经济研究, 2016 (8): 36 – 46.

[116] 余东华, 孙婷, 张鑫宇. 要素价格扭曲如何影响制造业国际竞争力 [J]. 中国工业经济, 2018 (2): 63 – 81.

[117] 余珮, 蔡正芳, 刘林青. 中国制造业国际竞争力脆弱性的新测度与解读——基于企业微观数据的深层次透视 [J]. 财经研究, 2020, 46 (8): 124 – 139.

[118] 余子鹏, 田璐. 要素禀赋、产业环境与我国制造业发展质量 [J]. 科研管理, 2020, 41 (12): 103 – 111.

[119] 郁鹏, 吉新峰. 美国再工业化背景下中国制造业竞争力分析 [J]. 河南社会科学, 2017, 25 (7): 14 – 20.

[120] 喻登科, 严红玲. 核心竞争力与竞争优势形成路径: 知识资本与组织性格整合视角的解释 [J]. 科技进步与对策, 2019, 36 (1): 122 – 131.

[121] 张斌, 梁山. 区域竞争力初探 [J]. 经济师, 2005 (11):

23 - 24.

[122] 张冬平, 郑博阳. 基于偏离—份额分析法的河南省制造业竞争力研究 [J]. 河南农业大学学报, 2017, 51 (5): 741 - 746.

[123] 张凡, 宁越敏, 娄曦阳. 中国城市群的竞争力及对区域差异的影响 [J]. 地理研究, 2019, 38 (7): 1664 - 1677.

[124] 张建清, 卢飞. 中国中部地区制造业竞争力研究 [J]. 区域经济评论, 2018 (1): 55 - 64.

[125] 张佩, 赵作权. 世界级先进制造业集群竞争力提升机制及启示——以德国工业4.0旗舰集群为例 [J]. 区域经济评论, 2020 (5): 131 - 139.

[126] 张睿, 贾莉华. 木材加工企业市场竞争力提升策略研究 [J]. 林业机械与木工设备, 2017, 45 (1): 46 - 47 + 52.

[127] 张约翰, 张平宇. 东北装备制造业竞争力评价及影响因素研究 [J]. 中国科学院研究生院学报, 2011, 28 (4): 467 - 474.

[128] 张志元. 中国制造业产业竞争力评价和分析 [M]. 北京: 社会科学文献出版社, 2018.

[129] 赵丽芬. 美国和日本产业转型升级的经验与启示 [J]. 产业经济评论, 2015 (1): 100 - 104.

[130] 赵喜仓, 邹威华, 曹明. 镇江市高新技术产业竞争力及产业结构研究——基于动态偏离—份额空间模型的分析 [J]. 科技进步与对策, 2014, 31 (3): 55 - 60.

[131] 赵彦云, 张明倩. 北京市制造业竞争力分析与对策研究 [J]. 北京社会科学, 2004 (3): 81 - 88.

[132] 赵彦云等. 中国制造业产业竞争力评价和分析 [M]. 北京: 中国标准出版社, 2005.

[133] 郑乐凯, 王思语. 中国产业国际竞争力的动态变化分析——基于贸易增加值前向分解法 [J]. 数量经济技术经济研究, 2017, 34 (12): 110 - 126.

[134] 郑烨, 段永彪. "放管服" 改革、区域营商环境与城市竞争

力——基于国内城市面板数据的实证分析 [J]. 北京航空航天大学学报, 2021 (12): 64-74.

[135] 周丽, 范德成, 刘青. 劳动力成本上升对我国制造业竞争力的影响及对策 [J]. 经济纵横, 2013 (11): 50-52.

[136] 周正, 门博阳, 汪波. 东北地区国有高端装备制造企业股权优化——基于混合寡头模型的分析 [J]. 哈尔滨商业大学学报 (社会科学版), 2021 (6): 105-114.

[137] Artto E. W. Relative Total Costs – An Approach to Competitiveness Measurement of Industries [J]. Management International Review, 1987 (2): 27-58.

[138] Baldwin R. E. , Marin P. , Ottaviano G. I. P. Global Income Divergence, Trade, and Industrialization: The Geography of Growth Take – Offs [J]. Journal of Economic Growth, 2001, 6 (1): 5-37.

[139] Buckley P. J. Measures of International Competitiveness: A Critical Survey [J]. Journal of Marketing Management, 1988, 4 (2): 175 – 200.

[140] Cainelli G. , Evangelista R. , Savona M. Innovation and Economic Performance in Services: A Firm-level Analysis [J]. Cambridge Journal of Economics, 2006, 30 (3): 435-458.

[141] Canton E. Human Capital Externalities and Proximity: Evidence from Repeated Cross – Sectional Data [J]. De Economist, 2009, 157 (1): 79-105.

[142] Carlin W. , A. Glyn, J. Reenen. Export Market Performance of OECD Countries: An Empirical Examination of the Role of Cost Competitiveness [J]. The Economic Journal, 2001 (111): 128-162.

[143] Cho, Dong – Sung. A Dynamic Approach to International Competitiveness: The Case of Korea [J]. Journal of Far Eastern Business, 1994 (1): 17-36.

[144] Cuevas Ahumada, Victor Manuel. Cost and Relative Price Com-

petitiveness of the Mexican Manufacturing Industry in the U. S. Market [J].
Frontera Norte, 2016, 28 (55): 53 –78.

[145] Dean A. M. S. , Hazard H. A. , Research Fellow, et al. International competitiveness [J]. International Executive, 2010, 30 (1): 32 –34.

[146] Didik Purwadi. The Role of Japanese Human Resource Planning Practices for Increasing Industrial Competitiveness [J]. Procedia – Social and Behavioral Sciences, 2012, 65: 253 –259.

[147] Dunning, John H. and Alan M. Rugman. The Influence of Hymer's Dissertation on the Theory of Foreign Direct Investment [J]. American Economic Review, 1985, 75 (2): 228 –232.

[148] Dunning, John H. Internationalizing Porter's Diamond [J]. Management International Review, 1993, 33 (2): 7 –15.

[149] Ewert P. J. , Kleynhans. Factors Determining Industrial Competitiveness and the Role of Spillovers [J]. The Journal of Applied Business Research, 2016, 32 (2): 527 –540.

[150] Fagerberg J. Technology and Competitiveness [J] . Oxford Review of Economic Policy, 1996, 12 (3): 39 –51.

[151] Fally T. Production Staging: Measurement and Facts [R]. Mimeo, University of Colorado, 2012.

[152] Fujita M. , Thisse J. F. Does Geographical Agglomeration Foster Economic Growth? And Who Gains and Loses from It? [J]. Japanese Economic Review, 2003, 54 (2): 121 –145.

[153] Hill E. W. , Brennan J. F. A Methodology for Identifying the Drivers of Industrial Clusters: The Foundation of Regional Competitive Advantage [J]. Economic Development Quarterly, 2000, 14 (1): 65 –96.

[154] Huovari Janne, Aki Kangasharju and Aku Alanen. Constructing an Index for Regional Competitiveness [Z]. Pellervo Economic Research Institute Working Paper, Helsinki, 2001. No. 44.

［155］Hussein A. , Cheng K. Development of the Supply Chain-oriented Quality Assurance System for Aerospace Manufacturing SMEs and its Implementation Perspectives ［J］. Chinese Journal of Mechanical Engineering, 2016, 29（6）: 1067 – 1073.

［156］H. Chang Moon, Alan M. Rugman & Alain Verbeke. A Generalized Double Diamond Approach to the Global Competitiveness of Korea and Singapore ［J］. International Business Review, 1998（2）: 135 – 150.

［157］International Institute for Management Development ［R］. The World Competitiveness Year Book, 1996 – 2005.

［158］International Institute Management Development（IMD）［R］. The World Competitiveness Year Book, 2000.

［159］Jae-goo Han, Hwan-pyo Park, Jong-ho Ock, Hyoun-seung Jang. An International Competitiveness Evaluation Model in the Global Construction Industry ［J］. KSCE Journal of Civil Engineering, 2015, 19（3）: 465 – 477.

［160］James M. , Jeff S. , Richard D. , etc. Manufacturing the Future: The Next Era of Global Growth and Innovation ［R］. McKinsey Global Institute, 2012.

［161］Johannes Thema, Felix Suerkemper, Katharina Grave, Adrian Amelung. The Impact of Electricity Demand Reduction Policies on the EU – ETS: Modelling Electricity and Carbon Prices and the Effect on Industrial Competitiveness ［J］. Energy Policy, 2013, 60: 656 – 666.

［162］Justin Barnes, Anthony Black, Kriengkrai Techakanont. Industrial Policy, Multinational Strategy and Domestic Capability: A Comparative Analysis of the Development of South Africa's and Thailand's Automotive Industries ［J］. The European Journal of Development Research, 2017, 29（1）: 18 – 24.

［163］Kadam Prashant, Sudarsan P. K. Competitiveness of India's Software Industry: A Macro Level Analysis ［J］. Journal of International Economics, 2016, 7 (1): 17 – 31.

[164] Kambhampati U. S. Industry Competitiveness: Leadership Identity and Market Shares [J]. Applied Economics Letters, 2000 (7): 569 – 573.

[165] Karnani A. Equilibrim Market Share – A Measure of Comprtitive Strength [J]. Strategic Management Journal, 1982 (3): 43 – 51.

[166] Koopman R. , Wang Z. , Wei S. J. Tracing Value-added and Double Counting in Gross Exports [J]. The American Economic Review, 2014, 104 (2): 459 – 494.

[167] Kumar A. , Stecke K. E. , Motwani J. A Quality Index – Based Methodology for Improving Competitiveness: Analytical Development and Empirical Validation [D]. Michigan: University of Michigan Business School, 2002.

[168] Kwon S. , Motohashi K. How Institutional Arrangements in the National Innovation System Affects Industrial Competitiveness: A Study of Japan and the US with Multiagent Simulation [J]. Technological Forecasting and Social Change, 2017, 115: 221 – 235.

[169] Leontief, Wassily W. Interregional Theory [M]. New York: Oxford University Press, 1953.

[170] Leontief, Wassily W. Output, Employment, Consumption and Investment [J]. Quarterly Journal of Economics, 1944, 58: 294 – 297.

[171] Leontief, Wassily W. Quantitative Input and Output Relations in the Economic System of the United States [J]. Review of Economics and Statistics, 1936, 18: 105 – 125.

[172] Linda Meleo. On the Determinants of Industrial Competitiveness: The European Union Emission Trading Scheme and the Italian Paper Industry [J]. Energy Policy, 2014, 74: 535 – 546.

[173] Manoj Kumar Singh, Harish Kumar, M. P. Gupta, Jitendra Madaan. Analyzing the Determinants Affecting the Industrial Competitiveness

of Electronics Manufacturing in India by Using TISM and AHP〔J〕. Global Journal of Flexible Systems Management, 2018, 19 (3): 24 – 39.

〔174〕Marc Fetscherin, Ilan Alon, James P. Johnson. Assessing the Export Competitiveness of Chinese Industries〔J〕. Asian Business and Management, 2010, 9 (3): 401 – 424.

〔175〕Menzler – Hokkanen I. Can International Competitiveness be Measured by the Relative Unit Labour Cost Approach? A Comment on Professor Artto〔J〕. Management International Review, 1989, 29 (1): 72 – 77.

〔176〕Michael E. Porter. The Competitive Advantage of Nations〔M〕. New York: Free Press, 1990.

〔177〕Moon H. C. , Rugman A. M. , Verbeke A. A Generalized Double Diamond Approach to the Global Competitiveness of Korea and Singapore〔J〕. International Business Review, 1998, 7 (2): 135 – 150.

〔178〕Siggel E. International Competitiveness and Comparative Advantage: A Survey and a Proposal for Measurement〔J〕. Journal of Industry Competition & Trade, 2006, 6 (2): 137 – 159.

〔179〕Silva G. M. , Gomes P. J. , Lages L. F. , et al. The Role of TQM in Strategic Product Innovation: An Empirical Assessment〔J〕. International Journal of Operations & Production Management, 2014, 34 (10): 1307 – 1337.

〔180〕Soto – Acosta, P. , Popa, S. , Palacios – Marques, D. Social Web Knowledge Sharing and Innovation Performance in Knowledge-intensive Manufacturing SMEs〔J〕. The Journal of Technology Transfer, 2017 (42): 425 – 440.

〔181〕Susan H. , Timothy K. , Howord W. Why does Manufacturing Matter? Which Manufacturing Matter?〔R〕. Metropolitan Policy Program at Brookings, 2012: 2.

〔182〕Thomas J. Hannigan, Robert D. Hamilton, Ram Mudambi. Competition and Competitiveness in the U. S. Airline Industry〔J〕. Competitiveness Review, 2015, 25 (2): 134 – 155.

[183] Waddock S. A., Graves S. B. Industry Competitiveness as a Function in R&D and Capital Goods [J]. Academy of Management Best Papers Proceedings, 1989 (1): 344 – 348.

[184] Wang C. L., Senaratne C., Rafiq M. Success Traps, Dynamic Capabilities and Firm Performance [J]. British Journal of Management, 2015, 26 (1): 26 – 44.

[185] World Economic Forum (WEF): The Global Competitiveness Report. 1998.

[186] Yir – Hueih Luha, Wun – Ji Jiang, Szu – Chi Huang. Trade-related Spillovers and Industrial Competitiveness: Exploring the Linkages for OECD Countries [J]. Economic Modelling, 2016: 309 – 325.

[187] Zhang, Kevin Honglin. How does Foreign Direct Investment Affect Industrial Competitiveness? Evidence from China [J]. China Economic Review, 2014, 30 (6): 530 – 539.

[188] Zhang, Kevin Honglin. How does Globalization Affect Industrial Competitiveness? [J]. Contemporary Economic Policy, 2010, 28 (4): 502 – 510.

后　记

当我们足够努力，不顾一切地向诗和远方走去，就会有意想不到的惊喜。何其幸运，我的博士毕业论文"东北地区制造业竞争力提升路径研究"终于得以出版。作为一位"一手读书、一手抱娃"的职场女性，今天的一切，我倍感珍惜。本书虽然倾注了本人的大量心血，对东北地区制造业竞争力进行了分析并尝试探索东北地区制造业竞争力提升路径，但是由于个人学术水平有限，书中有些内容研究不够深入和透彻，还存在诸多不足之处，希望得到各位读者的理解。

树木之所以能长成参天大树是因为根基深厚，人亦如树，树从根发，我之所以能取得今天的成绩，是因为我有亲人、爱人、友人的理解和支持，他们的爱是支撑我向阳而生的根基。首先，我要感谢我的导师林木西教授，承蒙恩师认可，我有幸在恩师门下学习区域经济学，使我拓宽了学术视野，丰富了学术阅历。其次，我要感谢张虹教授、赵德起教授、马树才教授、和军教授、崔万田教授、张华新教授、王青教授对本书给予的点拨与指导，使本书更加完善。再次，我要感谢所有对本书出版给予大力支持的领导、同事以及出版社各位编审老师们，感谢各位的理解、信任和辛勤付出。最后，我要感谢我的父母、公婆、爱人、孩子，感谢他们始终尊重我的选择，懂得我的执着，为我分忧解难，全力以赴地为我打造良好的学习环境。在此，我向以上所有人致以诚挚的感谢。

在人生的旅途中，只要不停下脚步，就会有无数美好的风景。路漫漫其修远兮，吾将上下而求索，我将适时清零，重新启程，为我要去的远方，风雨兼程，希望每一分耕耘和付出都会花开满田，岁月生香。

袁丹丹

2022 年 8 月 14 日